第十二册

中华传统文化

12 走进齐文化

《中华传统文化——走进齐文化》编委会 编

中国社会科学出版社

图书在版编目（CIP）数据

中华传统文化：走进齐文化：全十二册/《中华传统文化——走进齐文化》编委会编. —北京：中国社会科学出版社，2023.6（2023.11重印）
ISBN 978－7－5227－2077－7

Ⅰ.①中… Ⅱ.①中… Ⅲ.①齐文化—青少年读物
Ⅳ.①K871.3－49

中国国家版本馆 CIP 数据核字（2023）第 105321 号

出 版 人	赵剑英
责任编辑	孙婷筠
责任校对	牛 玺
责任印制	戴 宽

出　　版	中国社会科学出版社
社　　址	北京鼓楼西大街甲 158 号
邮　　编	100720
网　　址	http://www.csspw.cn
发 行 部	010－84083685
门 市 部	010－84029450
经　　销	新华书店及其他书店

印刷装订	北京君升印刷有限公司
版　　次	2023 年 6 月第 1 版
印　　次	2023 年 11 月第 2 次印刷

开　　本	710×1000　1/16
印　　张	95
字　　数	1505 千字
定　　价	163.00 元（全十二册）

凡购买中国社会科学出版社图书，如有质量问题请与本社营销中心联系调换
电话：010－84083683
版权所有　侵权必究

《中华传统文化——走进齐文化》编纂委员会

主　　任：崔国华

副 主 任：张锡华　王先伟　刘建伟　段玉强　王　鹏　冷建敏
　　　　　刘　琳　罗海蛟

名誉主任：张成刚　刘学军　宋爱国

委　　员：（以姓氏笔画为序）

王　宏　王　凯　许之学　许跃刚　孙正军　孙林涛　孙镜峰
李安亮　李新彦　李德乾　张建仁　张振斌　韩相永　路　栋

《中华传统文化——走进齐文化》编审人员

主　　编：徐广福　李德刚

副 主 编：王　鹏　朱奉强　许跃刚　李新彦　吴同德　于建磊
　　　　　闫永洁

编写人员：（以姓氏笔画为序）

于孝连　王会芳　王桂刚　王景涛　边心国　齐玉芝　李东梅
张爱玲　赵文辉　高科江　袁训海

《中华传统文化——走进齐文化》本册编委

本册主编：于孝连

副 主 编：王海霞　杨双宏

编　　者：贾　青　孙咏梅　牟秀珍　李永娜

　　　　　陈庆林　黄坐霞　孙慧美　尹俊峰

　　　　　于金河　王海霞

美术编辑：李金爽

前　言

齐文化是中华民族传统文化的重要组成部分，它所具有的鲜明的开放、包容、务实、创新的文化精神，不仅在我国古代社会产生过重大影响，而且已经穿越时空，历久弥新，对今人依然有许多启迪和借鉴意义。

《中华传统文化——走进齐文化》编写委员会以教育部《完善中华优秀传统文化教育指导纲要》为指针，从传统文化与时代精神的结合上把握齐文化的特点，遵循青少年身心发展规律和教育规律，面向中小学生，一体化设计本书的编写内容与编写体例，使本书由浅入深，由分到总，由具象到抽象，由感性到理性，点面结合，纵向延伸，呈现出层级性、有序性、衔接性和系统性。

本书编写以"亲近齐文化—感知齐文化—理解齐文化—探究齐文化"为总体编写思路。

小学低年级（一至二年级），以滋养学生对齐文化的亲近感为侧重点，开展启蒙教育，培育热爱齐文化的情感。

小学高年级（三至五年级），以提高学生对齐文化的感知力为侧重点，开展认知教育，使学生了解齐文化的丰富多彩。

初中阶段，以增强学生对齐文化的理解力为侧重点，开展通识教育，使学生了解齐国历史的重要史实和发展的基本线索，以及齐地风俗，赏析齐国的文学艺术和经典名著选段，提高对齐文化的认同度。

高中阶段，以提升学生对齐文化的理性认识为侧重点，开展探究教育，引导学生认识齐文化形成与发展的悠久历史过程，领悟齐人创造的物质文化、制度文化和精神文化，探究齐文化的重要学说，发掘齐文化的历史价值和现实意义，弘扬和光大齐文化。

基于上述编写的指导思想与编写思路，本书在编写过程中与时俱进，注重齐文化教育与践行社会主义核心价值观相结合，齐文化教育与时代精神相结合，课堂学习与实践教育相结合，学校教育、家庭教育与社会教育相结合。

正如经济领域有第一产业、第二产业、第三产业一样，教育领域也有第一课堂、第二课堂、第三课堂。本书的编写意在为中小学生的第三课堂提供一套系统化的齐文化"课程"。从小学一年级到高中三年级共计十二册，学生经过十二年的序列化学习，逐步深入了解齐文化、继承齐文化，并创新性地发展齐文化。青少年学生通过亲近、感知、理解、探究齐文化，以此弘扬爱国主义精神，培养家国情怀，提升文化自信力，为实现中华民族伟大复兴的中国梦奋然前行。

《中华传统文化——走进齐文化》编委会

2023 年 2 月

目录 MULU

第一单元　管子学

第1课　治国学……………… 2
第2课　富国学……………… 7
第3课　兵学………………… 12
第4课　哲学………………… 16

第二单元　晏子学

第5课　治国学……………… 22
第6课　民本学……………… 28
第7课　处世学……………… 32
第8课　鬼神论……………… 36

第三单元　齐兵学

第9课　《孙子兵法》的主要思想学说……42
第10课　《孙膑兵法》的主要军事思想……47
第11课　《司马法》的主要思想学说………52
第12课　《六韬》的主要思想学说…………57

第四单元　稷下学

第13课　黄老学说……………………………63
第14课　墨家学说……………………………67
第15课　阴阳五行学说………………………70

中华传统文化

第16课　名家学说…………… 73
第17课　纵横家学说………… 76
第18课　儒家学说…………… 81

第五单元　齐科学

第19课　工艺学……………… 89
第20课　医学………………… 94
第21课　天文学……………… 100

第六单元　齐文艺学

第22课　神话………………… 107
第23课　诗歌………………… 112

第24课　传记………………… 118
第25课　散文………………… 123
第26课　音乐………………… 127

第七单元　齐经学

第27课　齐经学的内容……… 134
第28课　齐经学的特点……… 138

第八单元　新齐学

第29课　齐学的扬弃………… 144
第30课　新齐学的创生……… 149
活动与探究…………………… 157

第一单元 管子学

《管子》是中国的一部著名古代典籍，它是依托管子之名而成书的，是"管仲学派"从春秋到战国及至秦汉时期积累的论文总集，它既有管仲思想的记录和发挥，又有不同历史时期的发展和运用，是一部经邦治国的百科全书。

《管子》是齐文化的重要代表作，包括法家、儒家、道家、阴阳家、名家、兵家和农家的观点，集中反映了齐文化务实、变革、开放、兼容的特色和精神风貌，体现了以管仲为代表的一批齐国先哲的智慧。《管子》一书内容博大精深，涉及经济、政治、军事、哲学、自然科学的诸多方面，其思想在历史上产生过重要影响。本单元着重从治国、富国、兵学、哲学四个方面进行论述。

中华传统文化

 治国学

前秦时代，孔孟宣扬道德的崇高，而不言法治。商鞅、韩非主张法治，但否定道德教育的作用。唯管仲兼重法治与礼治，主张法、德统一，法教统一，是当时最全面的治国思想。

《管子》其书

我们今天所见到的《管子》，是西汉刘向编定的。当时定为八十六篇，后佚失十篇，现只有七十六篇，内容分为八类：《经言》九篇，《外言》八篇，《内言》七篇，《短语》十七篇，《区言》五篇，《杂篇》十篇，《管子解》四篇，《管子轻重》十六篇。

以法治国 管子学主张以法治国，它认为：法律是治国的法宝，有法则国治，无法则国乱。在立法问题上，管子学主张必须遵循利国利民的原则。在司法方面，管子学主张必须坚持以下原则：一是法律平等，贵贱共守。无论是国君还是官员，无论是上层还是下层，无论是高贵者还是卑贱者，都必须遵守国家法律，违反者都应受到法律的制裁。二是执法以公，断事以理。三是有法可依，执法必严。四是君主率先垂范，立法自正。

礼义治国 管子学把礼、义、廉、耻定为国家的"四维"，并指出巩固国家的准则，在于整饬四维，四维不发扬，国家就会灭亡。

"所谓八经者何？曰：上下有义，贵贱有分，长幼有等，贫富有度。凡此八者，礼之经也。"
——《管子·五辅》

"礼"是《管子》最基本的道德规范行为，它是以社会尊卑等级为既定前提的，就是做人或做事的规范。《管子》对礼有明确的规定，即上下有一定的礼仪做规范，贵贱要有区别，长幼要有次序，贫富要有一定的限度。这就是"礼之八经"。《管子》认为，"礼之八经"各得其宜，人们各安其分，社会秩序就会和谐稳定，良好的道德风尚就能形成，国家就能长治久安；反之，国家就会陷于混乱。因此，圣明的君主总是以礼教导人民。

　　"义"就是用孝悌慈惠来奉养亲属，用恭敬忠信来侍奉国君，用公正友爱来推行礼节，用端正克制来避免犯罪，用节约省用来防备饥荒，用敦厚朴实来戒备祸乱，用和睦协调来防止敌寇。行义对于治国、成霸均有重要作用。

　　礼主要规范、制约人们的外在行为，义主要规正人们内在的思想和道德。只有全面地进行礼义之教，才能达到良好的治国理民的效果。

　　礼法相辅　管子学既强调法治，又重视德治、礼义之教，二者相辅相成，兼施并用，相互促进，相互补充。《管子》书中有两种不同的观点：其一是"法出于礼"，礼是法的基础；其二是"礼出于法"，法是最高原则，仁义礼乐皆由法而来。凡是倾向儒家的，便以礼义为人类行为的最高规范；凡是倾向法家的，则力主法是规范人类行为的最高原则。这两种说法虽然代表了不同的倾向，但都强调了法与礼义的统一关系。

"道"字的书法作品

　　以道治国　管子学中最具思辨的政治哲学概念是"道"。管子学认为道存在于天地之间，无形、无声、至大、至小、居无定所、往而不复却又无所不在，万物均赖之以生、赖之以成。同理，治国也必须合乎其道，得道则国安国治，失道则国危国乱。

那么，礼、法与道是一种什么关系呢？管子学认为：所谓礼，就是根据人的感情，按照义的道理，而规定的制度和标志。所以，礼就是有理，理是通过明确本分来表达义的，因此，礼从理产生，理从义产生，义是根据行事所宜来定的。法，是用来划一不齐的社会行动而不得不实行的，所以要运用杀戮禁诛来划一。事事都要用法来督察，法要根据权衡得失来制定，而权衡得失则是以道为根据的。

明君、贤人治国 管子学认为，在君主时代，法生于君，礼生于君，道生于君，如果把国家比作人体的话，那君主就是人体之心脏。在治国这一问题上，君主的作用至关重要，可以说国之存亡，取决于君。然而，君主也有贤愚明昏之分。何为明君？生活有度，欲望有节，言行举止顺乎情理，

管仲拜相

能治官化民，公正立法，等等，此为明君，成为明君的要素还有很多，不胜枚举。明君当国则国治，反之则国乱。

管子学认为，明君依道、守礼、以法治国固然是其根本，然而人众事繁，光靠君主一人是不行的，必须有臣下代君主以行政和司法，因而臣下是贤能还是无能，便在很大程度上影响了国家的治与乱、存与亡。君主只有得到贤人的辅佐，才能达到国家治、主位安的目的。何谓贤佐？管子学认为衡量贤佐的第一标准是德，然而仅仅有德还不算贤佐，还必须有才能，并能洞察社会发展趋势、顺应历史潮流。有明君、有贤臣，国家就会长治久安。

 讨论交流

中国历史上不乏明君贤臣、昏君奸臣，有明君贤臣的朝代政治清明，百姓安居乐业；昏君无能、奸臣当道时，往往民不聊生，国破家亡。你知道历史上哪些明君贤臣或昏君奸臣的故事？与同学们交流一下吧。

 故事链接

管仲荐相

管仲得了重病，齐桓公去问候他，说："仲父您的病更加沉重了，国内百姓都已经无法避讳这件事，我将把国家托付给谁呢？"管仲回答说："以前我尽心竭力，还不能知道可以托付国家的人选，如今重病，命在旦夕，我怎么能说得出呢？"齐桓公说："这是国家大事，希望仲父您指点我啊。"管仲恭敬地回答，说："您打算让谁担任宰相呢？"齐桓公说："鲍叔牙可以吗？"管仲回答说："不行。我和鲍叔牙交情很好，鲍叔牙的为人清正廉洁，刚直不阿，看到不像自己那样正直的人，便不去接近人家；一旦听到别人的过错，一辈子也不能忘记。"齐桓公说："那隰（xī）朋可以吗？"管仲回答说："隰朋的为人，对比自己贤能的人追羡不已，对赶不上自己的人则劝勉不息，常常以自己赶不上黄帝为羞愧，对赶不上自己的人表示同情；他对于国政，细枝末节不去过问；他对于事物，分外的不去了解；对于人，不刻意去找小毛病。一定要我推荐宰相人选的话，那么隰朋是合适的。"

富民治国 管仲是第一个提出"以人为本"理念的政治家，《管子》全面继承并发展了管仲的民本思想。《管子》特别强调富民，富民就是为民众创造良好的条件，使百姓过上安居乐业的生活。只有重农方可富民；掌握利源，不烦民不扰民方可富民；发展多种经济可富民，种植瓜果蔬菜桑麻，喂养六畜，统治者不夺农时，做到这些就可以使百姓富裕。

中华传统文化

在富民的基础上，对民众进行教育，这是《管子》一贯的主张。管子学甚至提出了藏富于民的主张。

管子学主张富民，然而富民不是目的，只是富国的手段。管子学是在富国的前提上考虑富民的，因而富国才是终极目的。

采桑图

 讨论交流

1. 管子学治国思想的精髓是什么？你最欣赏的治国思想是什么？请与同学们交流一下自己的看法吧。

2. 管子学强调礼义治国，并明确了人在社会中的言行，结合当今社会一些人的不文明现象，如外出旅游时在文物上刻字，某些公众人物公众场合言行不当，对此，你有何看法？作为新时代的中学生，在言行举止方面你觉得该注意些什么？请与同学们交流一下吧。

 拓展活动

"凡治国之道，必先富民。民富则易治也，民贫则难治也。奚以知其然也？民富则安乡重家，安乡重家则敬上畏罪，敬上畏罪则易治也。民贫则危乡轻家，危乡轻家则敢凌上犯禁，凌上犯禁则难治也。故治国常富，而乱国常贫。是以善为国者，必先富民，然后治之。"——《管子·治国》

"所谓治国者，主道明也；所谓乱国者，臣术胜也。"——《管子·明法》

以上两段文字是《管子》中关于治国思想的阐述，请同学们上网搜集古今中外治国思想的名言名句，以小组为单位做一期以"治国名言大荟萃"为主题的手抄报，在班内分享。

第2课　富国学

在中国古代经济思想中，《管子》经济思想的丰富性是首屈一指的。现存《管子》的七十六篇中，有三分之二都涉及经济问题，有三分之一主要是谈经济富国问题的，从而形成了管子学的经济富国学。这一学说主要包括重农论、禁末论、抑商论、轻重论等方面。

重农论　在古代社会中，农业是最主要的生产方式。所以，管子学把富国与重农密切联系在一起，"农业是立国之本"是贯穿《管子》全书的指导思想。管子学认为人民从事农业，土地就会得到开垦，土地得到开垦粮食就会增加，粮食增加国家就会富裕。正因为国富粮多来源于农业，所以先代圣王都是重视农业的。

古代农耕图

管子学所说的农业，不是狭义上的农耕业，而是包括林业、畜牧业、果蔬种植业、水利工程等在内的大农业。

管子学提出了重农富国的理论依据，即财富根源于劳动和土地的财富观。管子学认为富国源于财富，财富源于土地和劳动，所以管子学异常重视土地问题和满足劳动者的需要，认为富国之道就是大力发展农业生产。对此，管子学又提出了如下几种主张：

均田分力，相地衰征

其一，正地。土地是政事的根本。所以，土地可以调整政事。土中华传统文化

地不公平折算而划一，政事活动就无法公正。没有公正的政事活动，生产就无法管理。管仲改革时，在农业上推行了"均田分力"政策，就是按土地地质优劣，公平折算后租于农民，让他们分户经营。

其二，相地衰（cuī）征。管子学认为：根据土地的优劣程度来征税，那么农民就不会荒废土地了。

其三，不夺农时。管子学认识到农时对于农业生产至关重要，所以要求制定相应的法规，以保证不误农时。

禁末论 本与末的古代经济学含义通常是指农本而工商末。然而管子学中的末，并不是泛指一般的工商业，而是把"末产"或"末作"与"文巧"并称的。所谓"末产"、"文巧"，就是"雕文刻镂"的工事和"锦绣纂组"的女织。《管子》各篇关于"末产"或"末作"的涵义是明确的，并且是一致的，就是认为末产是属于文巧、好玩的生产，是陷国家、人民于贫困的生产。

 知识链接

"今工以巧矣，而民不足于备用者，其悦在玩好；农以劳矣，而天下饥者，其悦在珍怪；方丈陈于前女以巧矣，而天下寒者，其悦在文绣。是故博带梨，大袂列，文绣染，刻镂削，雕琢采……古之良工，不劳其智巧以为玩好。是故无用之物，守法者不失。"——《管子·五辅》

译文： 现在，工匠是够巧的了，然而人民需用的东西得不到满足，就是因为君主过于喜欢玩好的器物；农民是够劳苦的了，然而天下还无粮挨饿，就是因为君主过于喜欢珍奇的食品；妇女也是够心灵手巧的了，然而人们却在无衣挨冻，就是因为君主过分喜欢华丽的服饰。所以，这就需要把宽大的带子裁成窄小的，把肥大的袖子变成窄瘦的，把华丽的服饰染成单色的，把刻镂的图案削掉，把雕琢的花纹磨平。……古代的优良工匠，不运用他的智巧来做玩好的东西。所以，无用之物，守法者从不生产。

那么，怎样才能禁末呢？具体措施就是设工师进行督查，使讲究产品雕刻及文彩的，不敢在各乡间制造。管子学的这些理论主张都是针对当时社会情况提出来的，在当时具有重要的现实意义。

抑商论 管子学是重视商业的，但是当社会上出现了一批可与国君分庭抗礼的大商人，而这些大商人又在囤积居奇、牟取暴利，从而造成民贫国穷的时候，管子学便从富国的角度出发，提出了抑商的主张。而这种抑商，是抑制大商人的恶性膨胀和牟取暴利的非法活动，而不是抑制一般性的商品交换行为，更不是不重视商品经济。

那么如何抑制巨商大贾的恶性膨胀呢？管子学认为要靠雄厚的库藏、强有力的行政措施，通过市场调节手段，来达到抑制巨商大贾的目的。

轻重论 "轻重"就广义而言，是指封建帝王的统治之术；就狭义而言，是指国家控制商品流通的理论和措施。这是《管子》轻重理论的重点，它包含着两个方面：第一，轻重之学；第二，轻重之术。

轻重之学包括价格理论、货币理论、商品理论三部分。管子学认为，商品价格围绕着一个轴心不断上下波动是客观规律。恒常不变的价格是不存在的，如果价格恒常不变，就无法调节商品流通了。只有价格波动，价值规律才能发挥作用从而使商品正常流通。

桓公问于管子曰："衡有数乎？"管子对曰："衡无数也。衡者，使物一高一下，不得常固。" 桓公曰："然则衡数不可调耶？"管子对曰："不可调。调则澄，澄则常，常则高下不二，高下不二，则万物不可得而使用。"

——《管子·轻重乙》

译文：桓公问管仲说："平衡供求有定数么？"管仲回答说："平衡供求没有定数。平衡供求，就是要使物价有高有低，不经常固定在一个数字上。"桓公

中华传统文化

说:"那么,平衡供求的数字就不能调整划一了吗?"管仲回答说:"不能调整划一,调整划一就静止了,静止则没有变化,没有变化则物价升降没有差别,没有差别各种商品就不能被我们掌握利用了。"

管子学把货币看成必不可少的流通手段,并且认为货币是人民的交易手段。国家要通过货币控制,而达到经济调控的目的。国家很重视粮食的储备与销售,把粮食当成平抑物价的重要物品,以此来控制市场价格不被人操纵,从而保护国家和人民的利益不受侵害。管子学还进一步认识到投放流通领域中的货币量与商品轻重成正比、与货币轻重成反比关系。

轻重之术。主要包括以下几方面内容:一是稳定物价的措施。国家采取"敛轻散重"的策略,购进民所轻者,售出民所重者,以稳定物价,同时使政府从中获利。二是国家采取对粮食、食盐、铁等物资控制的措施,以对国家经济进行全面控

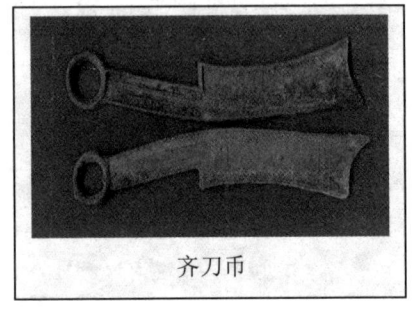

齐刀币

制。三是垄断货币。管子学认为,货币是国家控制经济的重要工具,为了掌握货币的制造与流通,国家要制定货币投放与管理的措施。

总之,轻重论不仅收效于当时,在客观上对当时齐国经济发展起到了积极的促进作用,而且对后世的经济管理也发挥了很大的、有益的借鉴作用,可以说千古不朽。

 讨论交流

1. 管子学富国思想的精髓是什么?你最欣赏的富国思想是什么?请与同学们交流一下自己的看法吧。
2. 管仲为辅佐齐桓公称霸诸侯,实行了"官山海"的政策,创造了中国历

史上最早的盐铁专卖制度。结合当今的社会现实，谈谈你对古代盐铁专卖制度的看法。

 拓展活动

　　为了达到富国称霸的目的，管仲任相期间进行了一系列改革，请同学们利用网络资源查阅管仲改革时采取了哪些措施。历朝历代的统治者为了达到富国的目的也曾进行过改革，历史上著名的改革家你知道的还有谁？他们的改革措施是什么？结果如何？请与同学们交流一下吧。

第3课　兵　学

《管子》蕴含着丰富的军事思想。该书中的"七法"、"幼官"、"兵法"、"地图"、"参患"、"制分"、"势"、"九变"等篇目，都是关于兵学的杰作。其军事思想主要包括战争观、强兵论、战略论、战术论等。

战争观　首先，重战。管子学重视战争在安国、强国中的重要作用，并明确指出：军队对外用于征伐暴国，对内用于镇压坏人。因此，军队是尊君安国的根本，不可废置。其次，慎战。管子学虽然重视战争，但又不主张轻易发动战争。第三，义战必胜。《管子》认识到战争在性质上有"义"和"不义"之分。行义战，则必胜；行不义之战，则必败。

春秋武士

强兵论　《管子》中的治国强兵思想十分丰富且具有特色。《管子》认为要强兵，首先必先富国。"国富者兵强，兵强者战胜。"（《管子·重令》）意思是国富是兵强的基础，兵强则是保证国家安全的基本条件。第二，要强兵，必须重视武器装备的建设。管子学认为，精良的武器装备是取得战争胜利的条件之一。第三，要强兵，必须加强军队的教育训练。《管子》规定了对士兵进行教育训练的内容。就是说，士卒要在各种号令、旗帜、兵器、自身反应能力等各方面，受到严格的教育训练。第四，要强兵，必须赏罚分明。只有赏罚分明，才能调动将士勇敢作战的积极性，同时主张用重禄重赏，鼓励有功将士。

铁甲制作

战略论　在战略上，管子学提出了"至善不战"的理论,这一理论与《孙子兵法》的"不战而屈人之兵"的主张是一致的。然而达到此目的的方法却有所不同,《孙子兵法》主张用谋略取胜,即"上兵伐谋"。而管子学的思路则宽阔得多,不仅从战争本身考虑问题,而且从战争之外的政治、经济等方面统盘考虑问题。管子学对经济在战争中的作用高度重视,甚至认为经济是决定战争胜负的关键因素。管子学的经济概念不仅仅指生产部门,也包括流通领域,即认为流通领域的战斗也是决定战争胜负的因素。管子学甚至提出了商战的思想,认为恰当地运用商业手段,特别是外贸手段,一样能够迫使他国臣服。

战术论 《管子》中丰富的谋略思想,渊源于自姜太公以来齐国一贯重谋略的传统。整部《管子》在一定意义上可以说是一座贮藏丰富的智谋之仓。

第一,明于机数。"明于机数"有两层含义:其一,把握好作战的时机;其二,善于计算。《管子》极为重视"时"(作战时机),将把握好作战时机、因时而动,看作取胜的总原则。《管子》强调"计必先定",就是说,在作战之前,首先对敌我双方各方面的情况,进行全面的计算和比较,然后才能出兵作战。

第二,遍知天下。所谓"遍知天下",就是在作战中对敌我双方的情况进行全面的认识和了解,特别要对敌方的国情、将帅、政治、士兵等情况有全面的认识。《管子》"遍知天下无敌"的思想和《孙子》的"知彼知己百战不殆"的思想是一致的。

春秋战车

第三,释实而攻虚。《孙子》最早提出了"避实而击虚"的作战指导原则。《管子》发展了《孙子》的这一原则,并提出了"释实而攻虚"

的思想。并解释说善于指挥作战的人,要指挥部队避开敌人的实力而击其虚弱,避开敌人的坚固之处而击其薄弱之点,避开敌人的难攻之地而击其易被摧毁之地。

第四,阴谋用间。《管子·禁藏》中讲谋攻敌国的手段有五条。其一,设法削弱敌国君主爱臣的权利,使其对君主怀有二心。其二,查明敌国君主憎恶的大臣,加强贿赂,让其提供该国的情报。其三,了解敌国君主淫乐,送给他乐队、美人及骏马,来消磨他的意志。其四,尽量同敌国表示亲密,形同兄弟,暗中派智谋之士帮助其图谋别国,再派人到别国去,唆使别国同其背约、断交,进而引发战争。其五,了解敌国君主的谋划,挑拨其下属,导致其自相残杀,忠臣死掉,就可以夺取其政权。这五者便是谋攻敌国的办法。《管子》阴谋用间的主张,与《六韬》用间思想是相通的。

第五,出奇制胜。管子学认为以奇用兵是制敌取胜的法宝。《管子·小问》里曾有这样一段记载,桓公问曰:"野战必胜若何?"管仲回答说:"以奇。"

管子学中的兵学承上启下,是我国古代兵学中的一笔宝贵财富。

 讨论交流

1. 管子学兵学思想的精髓是什么?你最欣赏的兵学思想是什么?请与同学们交流一下自己的看法吧。

2. 管子学认为,精良的武器装备是取得战争胜利的条件之一。结合中国的近现代史,对此观点,你有何看法?与同学们交流一下吧。

 拓展活动

出奇制胜的战例在历史上数不胜数,例如《史记·田单列传》中就记载了田单出奇制胜,以火牛阵大破燕兵的故事,请你讲一个历史上出奇制胜的故事与同学们分享一下吧。

火牛阵

第 4 课　　哲　学

管子学中的哲学思想不仅非常丰富，而且异常深刻并独具特色。要者有"天论"、"道论"、"水本原论"、"精气论"等。

天论　春秋以前，在思想领域占统治地位的是天命论，即把"天"看作至高无上、可以赏善罚恶、决定人们命运的主宰。管子学以系统的理论形态大胆地向这一传统观念进行了无情的挑战。

首先，抛弃了意志之"天"，确立了自然之"天"的观念。管子学认为："天"是没有感情和意志的，无所谓好、恶、亲、疏。"天"是客观存在的，是不以人的意志为转移的。

"日月不明，天不易也；山高而不见，地不易也。"——《管子·形势》

译文：日月有不明的时候，但天不会改变；山高有看不见的时候，但地不会改变。

"如地如天，何私何亲？如月如日，唯君之节。"——《管子·牧民》

译文：象天地对待万物，没有什么偏私偏爱；像日月普照一切，才算得上君主的气度。

其次，肯定了"天"有一定的自然规律。管子学在吸收前人的相关思想成果的基础上，带有创造性地提出了万物有"则"的重要观点。此之"则"，即指不变之规律，又叫"常"、"节"、"理"等。管子学不仅肯定了规律的客观性，而且也肯定了规律的普遍性。因而，"天"作为一种客观存在之物，也是有一定规律的，并进一步否定了"天"能给人类社会赐福或降祸的说法。

> "天不变其常，地不易其则，春秋冬夏不更其节。古今一也。"——《管子·形势》
>
> **译文**：天不改变它的常规，地不改变它的法则，春秋冬夏不改变它的节令，从古至今都是一样的。
>
> "天有常象，地有常形，人有常礼。以设而不更，此谓三常。"——《管子·君臣上》
>
> **译文**：天有经常的气象，地有经常的形体，人有经常的礼制，一经设立就不更改，这叫做三常。

道论 "道"是我国古代哲学中一个重要概念。《管子·君臣上》说："道也者，万物之要也。"这里强调了两层意思：第一，万物皆有"道"，强调了"道"的普遍性。第二，"道"是万物之"要"，此之"要"即指规律，从而把事物的内部规律同事物的表象区别开来。

管子学认为"道"作为事物的一般规律，无时不存、无时不在、无物不有，然后又不外现，只是内涵于事物之中。万物皆有"道"，故成其万物。天有天道，地有地道，君有君之道，臣有臣之道，处世为人做事皆有道。只有认识、把握了万物之道，并自觉地按照道来行动，事情才可成功，否则就会失败。管子学还认为由于掌握道的人不同、掌握的程度不同，事情的结果也会不同。

"水"本原论 管子学在中国哲学史上第一次开宗明义地提出了"水"是万物本原的思想。《管子·水地》这样阐述："水者何也？万物之本原也，诸生之宗室也。"并进一步对这一思想进行了详尽的论述。

水

首先，水无所不在，万物皆得水而生。水存在于天地万物之中，从无机物到有机物再到动物乃至人，都是由水而生。《管子》中万物皆由水构成的思想，充分体现了其唯物主义一元论思想。

其次，水具有许多特性，可以和人的道德品行相比附。管子学认为，水很清洁，有洗垢去污的作用，这是水的"仁"性；水看似很"黑"，实则很"白"，这是水的"精"性；量水至满而止，这是它的"正"性；水方圆斜曲，无所不流，至平则止，这是水的"义"性；水往低流，这是它的"谦卑"之性。

水不仅具有许多特性，而且还是衡量万物的标准。《管子》以人的道德品行比附水的自然属性，目的是强调水在万物中的重要地位，也是论证水为万物本原的一个论据。另外，管子学还认为，水对社会风俗习惯和人的性格的形成具有决定作用。《管子》认为，各国人的性格不同和各地风俗习惯的差异，都是由于水性不同所致。

精气论　《管子》中的"气"论是先秦气论发展史中的一个重要阶段。《管子》对气作了系统的论述：首先，对阴阳之气的本体论意义作了进一步的发挥和论证。管子学认为阴阳的化合产生万物。"是故阴阳者，天地之大理也。"（《管子·四时》）其次，用阴阳之气的发布流行去规定春夏秋冬四时的性质。春生、夏长、秋收、冬藏的不同特点都是由阴阳之气的变化所决定的。再次，提出"精气"概念，并对它作了多方面的规定。《管子》中出现了各种气的概念，并试图以此说明各种自然和社会现象。但在说明的过程中，由于理论本身的局限，所以对许多现象难以做出合理的完满的解释。因此，《管

行气铭玉柱

行气铭拓片

子》从各种气象中抽象出了"精气"的概念。"精气"说是古代"气"一元论的朴素唯物主义传统的重要源头。

何谓精气？管子学这样阐述：第一，精气具有普遍性，它无处、无时不在；登天、入渊、在海、在己，超越时空，恒久不灭。第二，精气具有变化性，它固流于万物，在不同的物质形态那里具有不同的特性。第三，精气产生天地万物，五谷、星辰、鬼神、人类及人类的精神，心智都是精气所产生的。

在认识论上，《管子》主张排除主观臆想，根据事物本来面目去"因"、"应"万物，要像镜子一样如实反映客观情况，这就叫"静因之道"。书中还强调对立面的相互依存和相互转化，表现了积极改造世界的进取精神。

纵观管子学说，时时表现出改革创新精神，处处充满海纳百川的胸怀，兼容百家为一家，融合各派为一派，此非九流十家可比。《管子》形散而神不散，万变不离其宗。这不散之"神"、不变之宗，就是管仲所奠定而由管仲学派各成员所遵循的"经世致用"的宗旨和精神。因此说，管子学是一门拨乱反正、安邦理民、富国强兵、平治天下的经世致用之学。

1. 管子学哲学思想的精髓是什么？你最欣赏的哲学思想是什么？请与同学们交流一下自己的看法吧。

2. 管子学表现出了积极改造世界的进取精神，结合自己所学，谈一谈你对管子学的认识。

 拓展活动

　　《管子》一书内容博大精深，思想内涵极其丰富，在治国、富国、兵学、哲学等方面进行了深入的阐述，还广泛涉及科技问题，包含有丰富的地学、农学、数学、医学、天文学等相关知识，是先秦诸子百家文献中科技含量最为丰富的著作，并对中国古代科技的发展产生了重要影响。

　　请同学们利于课余时间阅读《管子》一书，进一步领悟管子学的思想精髓，并能运用到今后的学习、生活中。

参考文献：

《齐文化通论》宣兆琦、李金海主编　新华出版社

《齐文化发展史》宣兆琦著　兰州大学出版社

《齐都名著》《齐读名人》解维俊主编　百花文艺出版社

《齐国故都临淄》中共临淄区委、临淄区人民政府主编　齐鲁书社出版

晏婴（公元前585—公元前500年），字仲，谥平，故后人又称晏平仲，齐国夷维（今山东高密）人。是春秋后期齐国的国相，历事齐灵公、庄公、景公三朝，是著名的政治家和外交家，以有政治远见、卓著的外交才能和朴素的作风闻名诸侯。他爱国忧民，敢于直谏，在诸侯和百姓中享有极高声誉；他博闻强识，善于辞令，主张以礼治国，曾力谏齐景公轻赋省刑；他重礼爱民，提倡节俭，反对严刑峻法，主张减轻人民负担，在当时就有"仁人"之称。

司马迁把晏婴和管仲合写一传列入《史记》，并说："假令晏子而在，余虽为之执鞭所忻慕焉。"其钦佩之情溢于言表。

《晏子春秋》是先秦时期极具特色的一部典籍，以记录晏子言行为主要内容，它既是以记言为主的历史散文，又是以传人为主的轶事小说。《晏子春秋》是战国时期稷下学宫中推崇晏婴人品、业绩和思想的先生们整理编撰而成。后经西汉刘向编校定为《晏子》。该书以晏婴行为为依据，又缀辑了有关晏婴佚闻轶事的大量民间传说，还混入了少量的神话故事，共写了二百余篇故事，采用文学的笔法，多角度、多层次地塑造了主人公晏婴的鲜明形象。

第二单元 晏子学

中华传统文化

第 5 课 治国学

晏婴和《晏子春秋》的思想学说统称作晏子学。《晏子春秋》是先秦时期一部独具特色的书。这部书最大的特点就是其思想学说内容的丰富性，而这是由国计民生的复杂性所导致的。它以晏婴言行为依据，又缀辑了有关晏婴佚闻轶事的大量民间传说，绝大多数都是历史事实。

晏婴雕像

针对当时齐国逐渐公室势力被消弱而私家权力日益膨胀的局面，晏子主张以礼治国；针对齐国统治者横征暴敛、刑繁罚重的苛政，晏婴主张施行仁政，此为儒家所称道；针对齐君以及卿大夫们奢侈淫逸的生活，晏婴主张节俭，并身体躬行之，此为墨家所欣赏。

关于《晏子春秋》

《晏子春秋》是晏子门徒及后人对晏子言行的记录，后来，稷下先生重新整理并采撷齐之《春秋》互相补充，而使之初次成型，刘向将各种版本的《晏子春秋》整理编写，方使此书最后完成。

全书共八篇，即《谏上》《谏下》《问上》《问下》《杂上》《杂下》《外七》《外八》。前六篇称"内篇"，后二篇称"外篇"，八篇共二百一十五章，每章都是一个完整的小故事。不同角度地反映了晏子的思想。

以礼治国 晏婴从政相齐，已是姜氏齐国的末世。他亲历了太多的事变，目睹了太多的邪行：臣弑君者有之，子弑父者有之，废嫡立庶者

有之，手足相残者有之，妇人参政，大夫专政，公室衰微，私家膨胀……对此，晏婴敏锐地感觉到姜氏的统治行将走到尽头了，于是产生了深深的"国运靡常"的忧患意识。如何才能使姜齐免于灭亡的命运呢？晏婴认为只有靠以礼治国才能改变这种现状。

晏子学认为，人之所以为人，是因为人有礼。这是人类区别于禽兽的分水岭，也是人类高于动物的根本所在。而所谓礼，就是对君臣、父子、兄弟、夫妻、姑妇五对主要社会关系的认定、规范和道德要求。

> "凡人之所以贵于禽兽者，以有礼也；故《诗》曰：'人而无礼，胡不遄死。'礼不可无也。"
> ——《晏子春秋》

即"君令臣忠，父慈子孝，兄爱弟敬，夫和妻柔，姑慈妇听，礼之经也"。人人都找准自己的社会角色，按照礼的要求去做，言不违规，行不超范，那么社会就会稳定，姜氏政权自然就会巩固了。

晏子认为礼具有多方面的社会功能，主要的有这么几方面：礼可以巩固君主的政权；礼可以限制臣下的权力膨胀；礼可以使每个人各安其位、各就其业、各司其职、有条不紊。可见，晏子学突破了"礼不下庶人"的传统原则规定，将礼治范围扩大到庶民百姓，这无疑是对周礼的发行，也是对管仲以礼治国理论的新发展。

晏子学主张以礼治国，重视礼的内容，而轻视礼的形式。反对繁文缛节，重学实用，这既是对管仲礼制文化的继承，又是对其的修复和发展。

晏子使鲁

晏子出使鲁国，孔子命令本门弟子前去观看，子贡回来，报告说："谁说晏子熟习于礼？《礼》中说：'上台阶不能越级，在堂上不能快步走，授给玉器不

中华传统文化

能下跪。'现在晏子全部与此相反,谁说晏子是熟习礼的人呢?"晏子结束了对鲁君的拜谒后,离开宫廷去见孔子。孔子说:"礼仪的规则,上台阶不能越级,在堂上不能快步走,授给玉器不能下跪。先生违反了这些吗?"晏子说:"我听说两堂之间,君臣各有其位,君王走一步,臣子走两步。鲁君走来得快,所以我上台阶跨越而行,在堂上快步走以按规定的时间到达我的位置。君王授受玉时身子低伏,所以跪下以比他更低。而且我听说,大的方面不超越礼的规则,小的方面有些出入是可以的。"晏子出去了,孔子以宾客之礼相送,(返回后对及门弟子说):"不合常规的礼,只有晏子能够实行。"

以法治国 晏子学不仅主张以礼治国,而且同时主张以法治国。这种礼法并用的思想与管子学是一脉相承的。面对齐景公当政时,法治传统荡然无存的现实,晏子深深地感受到国家没有法治,人民没有规矩是国家灭亡的根源。因而提出了"修法治,广政教"的主张。

以法治国的关键是要有切实可行的法律可依、必依,而好的法律的制定之关键又在于确立恰当的立法原则。对此,晏子学提出了"明王修道,一民同俗"的立法原则。意思是使人民的思想风俗达到统一齐同。

正是在这一立法原则、法治精神和行法要求的指导下,晏子学又提出了以下诸项执法原则:其一,"信赏必罚"。赏为激励,罚是制约,这是国君驾御群臣治理万民的两种法治手段。必须做到赏其该赏,罚其当罚,信赏必罚,才能达到目的。同时,君主应不因喜以加赏,不因怒以加罚,要以法行赏罚。其二,"诛不避贵,赏不遗贱"。即不论出身多么高贵的人,只要犯法,就要依照法律给以惩处;反之,不论地位多么低贱的人,只要有功于国家,就要依照规定给以奖赏。这就充分地体现出法律面前,人人平等的法治精神。其三,"弛刑罚,省刑罚"。就是在量罪施刑时,下减一等,并且减轻或者

"喜乐无羡赏,忿怒无羡刑","刑罚中于法"。
——《晏子春秋》

废除某种刑罚。其四，断狱"谨听"，"中听"，而不能"慢听"。就是要小心慎重地决狱断狱，公正无私地审理诀断案件，但是不能轻率地断狱决案。这样，才能保证法律的公正性和严肃性，也才能最后达到以法治国的目的。

以德治国 在治国方面，礼、法是外在的言行规范，而德则是内在的对人心的净化和对人们守礼知法素质的提高。只要人们有了很高的道德修养，那么，守礼遵法才能变为其自觉的行动；否则，在一个缺乏道德修养的人面前，任何礼、法，都会变得苍白无力。因而，晏子学在继承发扬了管子学礼、法治国理论的同时，也继承发扬了管子学以德治国的理论。

以德治国

晏子抓住一切机会向国君阐明以德治国的思想，齐景公久病不愈，身边的佞臣进谗言说是祝、史祈祷不力，晏婴不相信景公的病是由于祝、史祈祷不力而致，一口气尽数齐国敝政，斩刈民力之罪，规劝齐景公为政以德、以仁，讲明了德与修身、治国的关系，并强调了修德的重要性，可谓用心良苦。齐国出现慧星，齐景公主张举行禳祭才消灾。晏婴反对，他认为国家治乱决定了国君德行的有缺，而与天象无关。

晏子学不仅把德视为治国的根本要素之一，而且置于复霸和平治天下的高度来认识了。

贤能治国 晏子认为，要实现爱民的政治主张，必须要任用贤人。要知贤，首先要掌握贤者的标准。衡量正士之德，要看他出仕和退居时对君、对民、对友的态度。出仕在朝，对国君要"尽礼行忠"，但不能为了苟得俸禄，而对国君

选贤任能

私意阿附；要使国君体恤下民，使下民安生，不要以严重的压迫剥削来换取自己在国内的尊严。退居在野，要不忘国家旧典，要教导人民遵守国家法度，不要因退居而产生怨言。与朋友交，要明信行义，不要形成无原则的亲昵；意见不合，彼此疏远，不要口出恶声。这样的"正士"，就是晏子心目中的贤子。一个人是否合于贤者的标准，还要在实践中进行观察。

知贤之后，便进入任贤官能的第二项工作，即选贤和用贤。在选用贤能方面，晏子认为要避免两种偏向：第一，要避免求全责备，做到用其所长。第二，要避免摒仇弃贱，做到唯才是举。

而在贤能被选用之后，国君就应充分地信任他。也就是说疑人不用，用人不疑。对于如何任用贤能，晏子和齐景公有如下对话：

景公问晏子说：古代君临天下治理百姓的君王，他们任用人的情况如何？晏子回答说：土地有不同的性能，而不同性能的土地只能栽种某一种植物，要求它什么都能生长是不可能的；人有不同的才能，而不同才能的人只能任用他办某一个方面的事，不能苛求他什么事都取得成功。任用人的长处，不过问他的短处，任用人的擅长，不勉强他的拙劣，这就是使用人的概要了。

晏子位为齐国宰相，他效忠国家、礼敬贤士、态度谦虚、智慧充溢。他这饱含教益的言论为后人发现良才、善用人才明示了很好的标准和方法。晏子学继承了齐国尊贤尚功的用人传统，并使之更全面，更深刻，更有实践意义。如果能照此法而行，何患不能精英荟萃？

1. 晏子治国思想的主要核心内容是什么？请小组讨论一下，谈谈自己的看法。
2. 请联系现实就晏子治国思想中的某一部分谈谈你的感悟。

走进齐文化 十二

你认为我们现代社会中人才的标准与晏婴口中人才的标准是否一致？与同学讨论一下我们怎样做才能成为新时代的人才？

中华传统文化

第6课 民本学

爱民是晏子政治思想的核心。民本思想是晏子学的重要内容和最具精华的部分。晏子认为，民心向背决定着国迁政移的走向。所以晏子学能把管子学的"士、农、工、商，国之石民"论，发展到更高层次的民本论。

既然民为国本，那么欲使国家长治久安，必自爱民、乐民始。同时，爱民不仅是治国之本，而且还是恢复齐国霸业的关键之一。从政者不管环境顺逆，不管职位高低，都应该以民为本，存民爱民，行事乐民。那么，怎样才能爱民、乐民而不刻民、害民呢？晏子学认为要从以下几方面做起：

省刑罚 晏子学的这一主张具有鲜明、直接的针对性。因为当时的齐国，行法严苛，用刑惨烈，而且君主随心所欲，滥用刑罚。人们即使小心翼翼、战战兢兢、如临深渊、如履薄冰，亦不免动辄获罪下狱，蒙冤受刑。在这种情况下，晏子学提出了"弛刑罚，若死者刑，若刑者罚，若罚者免"的主张。

 故事链接

晏子谏杀烛邹

　　齐景公喜欢射鸟，叫烛邹掌管那些鸟，但鸟全都逃跑了。景公大怒，诏告官吏要杀掉他。晏子说："烛邹的罪有三条，我请求列出他的罪过再杀掉他。"景公高兴的说："可以。"于是召来烛邹并在景公面前列出这些罪过，晏子说："烛邹，你为国君掌管鸟而丢失了，这是第一条罪；使我们的国君因为丢鸟的事情而杀人，这是第二条罪；使诸侯们知道这件事了，以为我们的国君重视鸟而轻视人，这是第三条罪。我把烛邹的罪状列完了，请杀了烛邹。"景公说："不要杀了，我明白你的指教了！"

薄赋敛　景公追求宫室华美，衣饰艳丽，构筑高台，沉湎酒乐，晏子指出了景公厚敛的严重性，民间搜刮来的大量财物用不了，任其毁坏，继续向民间大量搜刮，长此就会激起民变。为了防止这样下去造成的国家危亡的严重后果，晏子提出了薄赋敛、节货财的亲民主张。他不但为国内的耕者制定了"十取一"的赋税制度，而且为国外的客商提供了"讥而不征"的免税政策。

减徭役　齐景公为了享乐，大兴土木，滥用民力，又游猎无度，给人民带来了极大的负担和痛苦。景公兴起"大台之役"，役使大量民力供国君游乐。工程既大，时间又久，天寒不息，秋收不息，百姓苦不堪言，有人冻饿至死。对如此病民的徭役，晏子以楚灵王之事悲歌陈辞，为民请命直言敢谏，指出减徭役的必要性和重要意义，终使国君罢役。

恤不幸　对于平民的不幸，晏子也挂在心上，他认为，对不幸者的怜恤，这是国君不容推辞的责任。周恤不幸者，不应限于耳目所及，应该扩大到全国。国君不仅要周恤不幸的老弱病残，鳏寡孤独，还应当推自乐之心与全民同乐。这些思想都在晏子劝谏景公的篇章中有所体现。

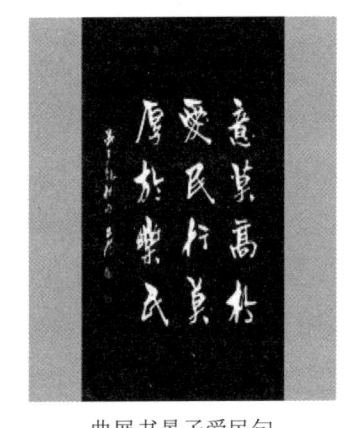

曲展书晏子爱民句

景公修筑长台，想进一步装饰它。一天，风雨大作。景公和晏子入内坐下喝酒，招来宫内的乐工，酒兴正浓时，晏子唱起歌来："禾苗结穗却不能收获，秋风吹来全都掉落，风雨摇落禾穗，上天残害百姓。"唱毕，回过头去流眼泪，伸展手臂舞动着。景公到晏子跟前，劝止道："今天先生垂蒙戒谏我，是我的罪过。"于是停止饮酒，解除工役，不再装饰长台。

赈灾荒　天灾人祸，往往会把百姓逼上绝路，在这种情况下，人民亟需得到救助。晏子学主张不遗余力地恤不幸、救灾荒，以尽爱民之心。

故事链接

晏子谏上

齐景公时,有一次大雨连下了十七天,景公却夜以继日地饮酒。晏子请求发放粮食赈济灾民,请求多次,都未得允许。景公却命伯遽到国内巡查,招罗善于歌舞之人。晏子听到此事,十分不高兴,就把自己家的粮食分发给灾民,并把装运粮食的器具放在路旁,自己步行去见景公,说:"大雨下了十七天,每乡有数十家房屋被毁。每里有数家饥饿之民。年老体弱者,天寒地冻连短褐都穿不上,忍饥挨饿,连糟糠也吃不上。步履艰难,无处可去,四顾茫茫无处求告。而君王日夜饮酒,命令在国内罗致歌舞没有止息。我是朝廷之臣,身在百官之上,百姓饥饿贫苦而无处求告,君王沉湎于酒色丢弃百姓而不加怜悯,我的罪过太大了。"拜了两拜叩头至地,请求辞任,便快步跑出。

景公追了出来,陷于泥泞没能追上。命令驾车追赶晏子,至晏子家没有追到。(景公看到)粮食都发给了百姓,装粮的器具放在路上。景公在大路上追到了晏子,景公下车跟在晏子身后,说:"我有罪过,先生抛开我不再辅佐,我也没什么能阻拦您的,但先生不顾念国家和百姓了吗?希望先生赐幸留在我身边,我请求拿出齐国的粮食财务,分发给百姓。用多少,全听先生之令。"当时就授权晏子赈济灾民。晏子才返回朝廷。

晏子对人民的爱护,从生命安全到生活保障,从常年到荒年,从一般人到鳏寡孤独、老弱病残,周到深切。他通过各种方式谏诤国君,为民请命,利用有利时机,启发国君回心向善,晏子不愧是古代爱民的楷模。

讨论交流

1. 晏子学的民本论思想主要体现在哪些方面?与同学们讨论交流一下。
2. 晏子的民本论思想以如今的观点看来有哪些积极的现实意义?查阅资料,形成自己的观点,向其他同学系统阐述。

拓展活动

　　晏子"以民为本"的思想、孟子"民为贵，社稷次之，君为轻"的论断，以及后世唐太宗的"水能载舟，亦能覆舟"的警句都反映了古人对民本思想的认识，请大家利用网络信息，上网查阅资料，看看历朝历代的君主对"民"的关注和认识是如何变化的。归纳总结一下这些思想，联系一下当今我国"执政为民"的治国方略，谈谈你的看法和认识。

第7课 处世学

人生处世是一门大学问。怎样处世，才能自立人间，救世济民；怎样处世，才能保全自我，不失自我，从而最好地实现自我？对于诸如此类的问题，晏子学有深刻而独到的见解和主张。究其实，主要有以下几个方面的内容：

有道顺命，无道衡命 晏婴一生辅佐灵、庄、景三君，这三位国君不是平庸无能，就是残暴无道，崇尚武力治国，不重道义，不行仁政。而且公室内部、公室与私门之间，卿大夫与卿大夫之间也是争权夺利，互相倾轧，危机四伏，险象环生。晏婴有时被推上明争的浪尖，有时被卷入暗斗的旋涡。他在这样的社会环境中，在这样的群体里，寻找平衡，能够身处险境而没有招来杀身之祸。他从中悟出了这样的处世哲理：明察之士不结党营私来进身，不为不义之求，说话不阳奉阴违，做事无表里的差别，顺遂心意就进身，不合心意就引退，不亲附上司而行邪僻，因此，进身而不失其廉洁，引退而不失其德行。司马迁这样评论他：在朝廷上，国君说话涉及他，他就正直地陈述自己的意见；国君没有谈到的事，他就秉公去做。

临淄区晏婴公园里的晏子谏君石壁画

君为国家人民而设，应当代表国家人民利益，能够维护国家人民利益的，则为有道之君；违反以至侵害国家人民利益的，则为无道之君。有道之君，治命多而乱命少；无道之君，治命少而乱命多，臣下对国君的命令，应当慎重衡量，是治命应当顺从执行，是乱命，就应当反对抵制。晏子正是这样做的，他所事的灵公、庄公、景公，都是无道之君，对他们的乱命，他进行了不同方式的抵制，有时公开谏止，有时对拒绝执行乱命的官吏表示支持，有时为了抵制乱命，他甚至不惜欺君。

国家有正义，就顺理而行；国家无真理，就权衡利害而举措。靠着这样的处世原则，晏子能三朝为官，声名显赫。

清廉为美 晏子学认为清水是最美好的事物，而清廉是人类最美好的道德品质。

清廉的美德期待施之于身，便是对日常生活节俭的要求。晏婴吃糙米，穿布衣，住旧宅，坐老马破车，薄身厚民，正是对这一美德的实践。尚俭是晏子治国思想的核心。司马迁说他"以节俭力行重于齐"。

一国宰相，都是食前方丈，水陆并陈，但晏子的主食却只是去了糠皮

晏子清廉却三归

的小米，副食却只有射来的三只禽鸟，外加五个鸡蛋和适量的苔菜，饭菜的质量粗劣不堪。《晏子春秋·杂下》第十八章说："晏子方食，景公使者至，分食食之，使者不饱，晏子亦不饱。"招待国君使臣，是改善生活的大好机会，在别人一定抓住不放，但晏子却坚持原则，不肯破例，一人的饭两人吃，以致双方都吃不饱。

食节俭，穿衣也是粗布衣服，"一狐裘三十年"，国君实在看不下去了，景公赐白狐裘黑豹皮帽，晏子辞而不受。晏子的住所，室宇窄狭，环境喧扰，空气污浊，条件恶劣。景公趁他出使晋国时，拆除旧房，扩建了他的住宅，但他却坚持初衷，拆掉新居，恢复邻宅和己宅旧观。他不愿意把自己的享受建立在损害别人利益的基础上。

景公对晏子礼遇有加，对他的赏赐，有生活的改善，也有爵禄的封

赠。晏子全都辞而不受，他认为，赏赐应该济贫，而自己家并不贫。且赏赐应该论功赏贤，而自己无功德，不宜受赏。在他看来，富贵利禄，不可贪多。追求越"幅"，以求"足欲"，不但所求者不得，连既得者也将失去。这些话，是廉吏的箴言，也是对贪官的警告。

清廉的美德施之于国，便是对君臣廉政的要求。晏子辅佐齐国三公，一直勤恳廉洁从政，清白公正做人，主张"廉者，政之本也，德之主也"。他管理国家秉公无私，亲友僚属求他办事，合法者办，不合法者拒。他从不接受礼物，大到赏邑、住房，小到车马、衣服，都被他辞绝。

晏子不追求个人生活上的享受，不为子孙蓄积荣身养身的富贵利禄。身为相国，而把衣食住行的供应标准降到最低限度，把应得的爵禄封赏或辞或还，终身致力于"薄于身而厚于民，约于身而广于世"，不愧为古代廉吏的楷模。

足欲必亡 七情六欲，人皆有之。晏子学并不反对人有欲望。然而，人不能放纵自己的欲望，应该把自己的欲望限定在一定的范围内。

景公曾赏赐给晏子邶殿（今山东省昌邑市西）附近六十邑，晏子不肯接受。子尾问晏子："富，人之所欲也，何独不欲？"晏子说："庆氏由于贪图封邑而招致灾亡，而我之所以有今天，就是控制欲望的结果。反之一旦增加邶殿的封土，这固然可以满足我的欲望，然而欲望满足了，死亡的日子也就快到了。并不是我讨厌财富，而是深怕因此丧失财富。况且财富应当如布帛有幅度一样，应当对它用制度来限制，使人们不至于因为富有而放纵。财富过多就会惹来灾祸，我不敢贪婪太多的财富，这是我给自己定下的幅度。因此就用道德来规范限度，不可以过分富有，这就叫做财富的限度。财富过多，欲望太大就会惹祸，因此我才不敢贪婪太多的财富。"

还有一次齐景公听说晏子生活很清苦，就分出一块土地封给晏子。晏子推辞不肯接受。晏子说："有钱却不骄傲的，没听说过。贫穷却不遗憾的，我就是这样的。我贫穷却不感到遗憾，是因为把品德好当做老师。如果封给我土地，就等于换了我的老师，老师太轻，封赏太重了，请允许我谢绝封赏。"

晏子学的足欲必亡论讲得非常辩证。日中始斜，物极必反，是万物的根本规律。它在很大程度上限制了私家势力的膨胀。

足欲必亡和清廉为美是一个问题的两个方面，二者构成了辩证统一的关系。

讨论交流

1. 晏子三朝为官，能保全自身，平安终老，主要靠的是他的哪些为人处世之道？

2. 对照自己，结合晏子处世论的其中一个方面，联系实际，谈谈你的看法和体悟。

拓展活动

晏平仲婴者，莱之夷维人也。事齐灵公、庄公、景公，以节俭力行重于齐。既相齐，食不重肉，妾不衣帛。其在朝，君语及之，即危言；语不及之，即危行。国有道，即顺命；无道，即衡命。以此三世显名于诸侯。——《史记》

阅读了解《史记》中的这段文字，了解关于晏子为人处事之道，并对照现实与同学讨论：晏子的这些处事之道哪些可以拿来为我们所用，指导我们的人生？

第8课　鬼神论

晏子的哲学思想，接近后来的墨家。但在鬼神问题上，他有自己的独特的特点。柳宗元说他："好言鬼事。"事实上，晏子言鬼，是证明鬼神无灵，不应迷信，他的思想本质上是无神论者。

晏子的无神论思想，主要表现如下：

反对祷雨　他认为山神、水神无灵，岁旱祷雨无用。齐国旱情超过了时令，景公召集群臣询问说："天不下雨很久了，民众都面带饥色。我派人占卜了一下，说，作祟的东西在高山大河里。我打算少征一点赋税以便祭祀灵山，可以吗？"群臣都不回答。晏子上前说："不可以！祭祀灵山没有益处。那灵山本来就是以石为身，以草木作为头发，天很久不下雨，头发将要干焦，身体将要发热，它难道不想下雨吗？祭祀它无益。"景公说："要不然，我想祭祀河伯，可以吗？"

晏子说："不可以！河伯以水作为国家，以鱼鳖作为民众，天很久不下雨，泉水水位下降，百川将要枯竭，河伯的水国将要灭亡，民众将要灭绝，它难道不想下雨吗？祭祀它无益。"景公说："如今怎么办呢？"

晏子说："君主诚心诚意离开宫殿在外露宿，与灵山河伯共同忧虑，这样侥幸希望可以下雨。"于是景公走出宫殿在郊野露宿，三天后，天果然降下大雨，民众全都及时得以栽种。景公说："善哉！晏子的话，能不听吗？他懂得规律。"

晏子进谏

谏诛祝史 齐景公患了疥疮及疟疾，一整年还没有好。于是召见会谴、梁丘据、晏子来询问，说："我的病很不利，派史固与祝佗去巡视山川宗庙，祭祀的牛羊牲畜及玉器，无不具备，其数目常多于先君桓公，桓公用一份祭品而我就加倍。病不能愈，反而加重，我想杀掉他们二人来取悦天帝，可以吗？"会谴、梁丘据说："可以。"晏子不回答。齐景公说："晏子认为怎样？"晏子说："君主以为祝祷有益吗？"齐景公说："是的。"晏子说："如果认为祝祷有好处，那么诅咒也就会有损害了。君主疏远辅佐之臣，忠臣之道被阻塞，劝谏的话没有人说。我听说，近臣沉默，远臣也不说话，众人之口可以熔化金属。如今从聊、摄以东，到姑水、尤水以西的地区，这些地方人口众多，百姓怨恨诽谤，诅咒君主于天帝面前的人很多。一国的人都在诅咒，只有两个人祝祷，虽然善于祝祷也不能胜过。况且祝祷之人直言真情，那么就是指责我们的君主；隐匿过错，那么就是欺骗天帝。天帝神明，那么就不可以欺骗，天帝不神明，那么祝祷也是无益的。希望君主明察，要不然，惩罚无罪之人，就是夏商二朝之所以灭亡的原因。"

虚言占梦 齐景公肾脏有病，十几天卧床不起。有一天夜晚，他作了一个恶梦。梦见和两个太阳争斗，最后被打败了。第二天，晏子上朝，景公对他说："昨天晚上，我梦见和两个太阳争斗被打败了。这是不是预兆我要死了？"晏子想想，回答说："请召见占梦官员，为您占卜吉凶吧。"

中华传统文化

说完，晏子出宫，派人用车接来占梦人。占梦人见到晏子，问："大王有什么事召见我呢？" 晏子告诉他说："昨天夜晚，大王梦见他和两个太阳争斗，不能取胜。大王说：'是不是我要死了？'所以，请您去占卜一下。" 占梦人听了，不假思索地说："请反其意解释吧。"晏子却说："请不要那样做。大王所患的疾病属阴，梦中的日头，是阳。一阴不能胜二阳，所以预兆病将痊愈，请你这样回答吧。" 占梦人进宫以后，景公说："我梦见和两个日头争斗而不能取胜，是不是我将要死了："占梦人回答道："大王所患的病属阴，日头是阳。一阴不胜二阳，这是大王病将痊愈的吉兆 。"过了三天，景公的病果然痊愈了。景公十分高兴，要赏赐占梦人。占梦人说："这不是我的功劳，是晏子教我这样说的。"景公听了，就召见晏子，要赏赐他。晏子道："我的话由占梦人讲，才有效果。如果我自己说，您一定不信。所以，这是占梦人的功劳，我并没有什么功劳。" 景公同时赏赐了他们，并称赞说："晏子不争夺别人的功劳，占梦人不隐瞒别人的智慧。"

揭穿骗局 楚国的一个巫师，暗地里通过裔款见到景公，他陪侍了三天，景公很赏识他。楚巫对景公说："景公是神明之主，有帝王之资的国君。您即位七年了，王业并未有大的成就。请让我向五帝献纳，以彰明君王之德。"景公拜了两拜，叩头至地。楚巫说："请让我巡视国都的郊野，以便确定五帝的位置。"走到牛山，不敢登越，说："五帝的位置，在国都的南面，请斋祭后再登上它。"景公命令百官提供斋祭的用品，送到巫师居住的地方，裔款负责一切事务。

晏子听说这件事，进见景公，说："您让楚巫在牛山斋祭吗？"景公说"是。向五帝献纳以彰明我的德行，天神将会降福于我，大概会有所补益吧？"晏子说："您的话错了。古代的帝王，德行宽厚足以安定天下，胸襟广阔足以容纳众人，诸侯拥戴他，让他作为首领；百姓归附他，将他视为父母。所以天地四季和谐而不失调，日月星辰运转顺次而不乱。德行宽厚，心胸广阔，顺乎天意，合于时宜，才能成为称雄天下的君王、神明的国主。古代的帝王不惰怠于行去频繁祭祀，不轻视自身的行为去依靠巫师。现在政治昏乱行为邪僻，却要求得五帝彰明德行；放弃贤人任用巫术，去求自己成为帝王般的君主。百姓不会随便感恩，福佑不会随意降下。您想成就的帝王之业，不太难了吗？可惜呀，君王地位那样高，所说的话却水平这样低。"

齐景公说："裔款引楚巫告诉我说'试试看吧'。我见了就很欣赏，相信了他的方法，按他说的去做。现在先生规劝我，那就逐出楚巫，拘捕裔款。"晏子说："楚巫不能逐出齐国。"景公说："为什么？"晏子说："将楚巫逐出齐国，诸侯中一定有人接纳他，君王相信他，已在内筵铸成过错，是不明智。逐出他，使其邪行蔓延到诸侯国，是不仁德。请您将楚巫放逐到东边荒远之地，把裔款拘捕起来。"景公说："好吧。"

晏子的无神论思想是不彻底的。他虽然不迷信鬼神，但却相信"天意"。由于晏子爱民，他所宣扬的"天意"或"天志"，都是人民意愿的体现。

总之，晏子在鬼神问题上，既有"无神论"思想的唯物因素，又有"天人感应"思想的唯心因素。但他的"天人感应"的言论，旨在匡谏国君去恶从善，崇政爱民，并非单纯宣扬天命决定一切，而是以民意代天意。因此，在鬼神、天道问题上，他的思想中的因素，基本是唯物的。

讨论交流

1. 晏子的鬼神论有哪些特点？
2. 俗语说，人在做，天在看。请你结合晏子的鬼神论观点谈谈自己的看法，这句话里的天是不是天上的神仙？

拓展活动

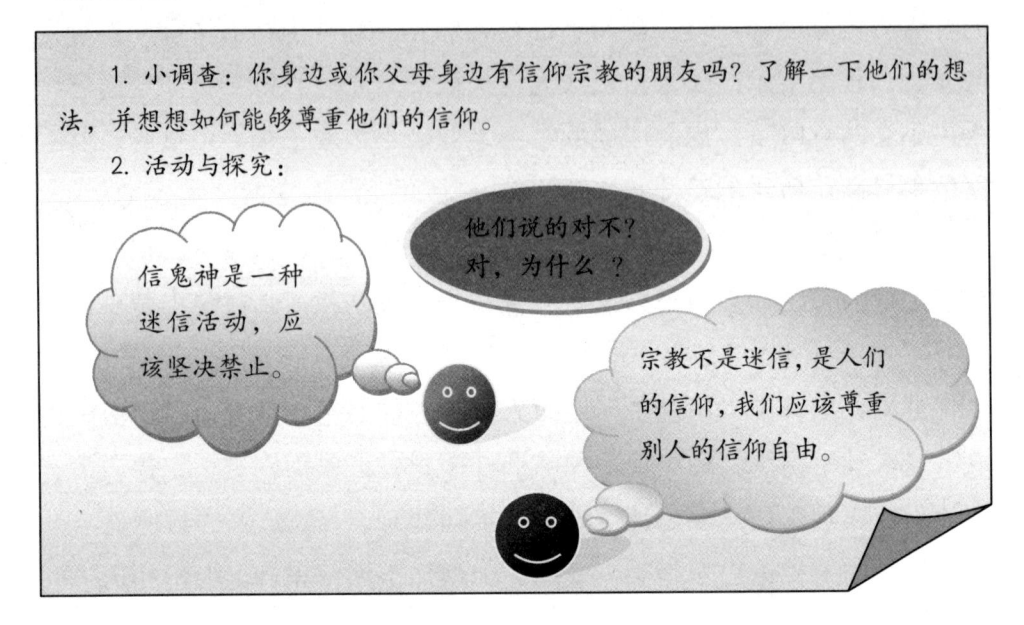

1. 小调查：你身边或你父母身边有信仰宗教的朋友吗？了解一下他们的想法，并想想如何能够尊重他们的信仰。

2. 活动与探究：

> 信鬼神是一种迷信活动，应该坚决禁止。

> 他们说的对不？对，为什么？

> 宗教不是迷信，是人们的信仰，我们应该尊重别人的信仰自由。

参考文献：

1. 《齐文化通论》宣兆琦、李金海主编 新华出版社

2. 《齐文化发展史》宣兆琦著 兰州大学出版社

第三单元 齐兵学

齐国重兵尚武的传统，培养了一大批彪炳青史的军事家。他们在总结丰富的战争实践经验的基础上，进行理论升华，从而形成了源远流长、枝繁叶茂的齐兵学。

齐兵学是齐国得以立国的基础之一，也是齐国能够首霸诸侯、战国称雄的重要依托。从对后世的影响来看，齐兵学构成了中国古代兵学的主体部分，对后世产生了深远的影响，有些军事思想至今仍然闪烁着夺目的光辉，对今天的军事理论与实践仍有很高的借鉴价值。

齐兵学内容极为丰富，是齐文化的重要组成部分。齐兵学著作主要包括《孙子兵法》《孙膑兵法》《司马法》《六韬》等，其军事思想代表人物主要有孙武、孙膑、司马穰苴和姜尚等。本单元着重从《孙子兵法》《孙膑兵法》《司马法》《六韬》的主要思想学说角度进行阐述。

第9课 《孙子兵法》的主要思想学说

《孙子兵法》约成书于春秋战国之交，距今已两千五百多年，是现存中国和世界最古老的一部兵书。《孙子兵法》的内容博大精深，被人们尊奉为"东方兵学鼻祖"、"世界古代第一兵书"、"兵经"，享有"兵学圣典"的美誉。《孙子兵法》是军事理论史上最早形成战略战术体系的一部兵书专著，最早揭示出"知己知彼，百战不殆"、"因敌而制胜"等指导战争的普遍规律，以及深刻总结出"攻其不备，出其不意"、"避实而击虚"等一系列至今仍有科学价值的作战指导原则，闪耀着朴素的唯物主义和辩证法思想的光辉。

孙武，字长卿，齐国乐安人，春秋时期著名的军事家、政治家，被尊称为"兵圣"。

知识链接

《孙子兵法》其书 《孙子兵法》又称《孙武兵法》《吴孙子兵法》，共分十三篇，依次是"计篇"、"作战篇"、"谋攻篇"、"军形篇"、"兵势篇"、"虚实篇"、"军争篇"、"九变篇"、"行军篇"、"地形篇"、"九地篇"、"火攻篇"和"用间篇"。前六篇主要论述战略问题，后七篇侧重于具体的战术，约6000字。

军事理论思想

战争观：慎战、重战 《孙子兵法》的战争观最主要的核心就是慎战、重战，即谨慎对待战争。孙子非常重视战争与政治的关系。他把战争与国家命运、人民的生死紧密联系起来，这就把战争推到了国家大事的首要位置。同时孙子也非常重视战争与经济的关系。他认为，一个国家的经济实力是决定战争胜负的重要因素，战争不仅是军事、政治的较量，也是经济的较量。另外，孙子还非常重视战争与外交、自然条件的关系。

总之，在孙子看来，战争要取得胜利，需要有政治、经济、军事、外交、自然条件等各种因素的配合，只有全面、详细、深刻、准确地把握了这些要素，才算是谨慎地对待并高度重视了战争。这就是孙子重战慎战思想的核心，是孙子对待战争问题的基本观点和思想。

1975年据出土竹简整理的铅印本《孙子兵法》

战略观：全胜、先胜、速胜　"不战而屈人之兵"——孙子的全胜战略。这一战略思想是孙子整个思想体系的中心内容和主导思想。就是说追求万全，争取以最小代价取得最大胜利，这是用兵取胜的最上策。

攻战图

孙子的"全胜"思想，绝不是说不要武力、反对战争，而是指以武力为后盾，通过施展谋略和巧妙用兵，造成强大的威势，力争不直接战斗而迫敌投降，达到"屈人之兵"、"拔人之城"、"毁人之国"的目的。

"胜兵先胜"——孙子的先胜战略。指在战争之前就使自己具备取得胜利的条件。战争指导者要做到知己知彼，这是贯穿全书的一个基本思想，也是这部兵书的精髓所在。

"兵贵胜不贵久"——孙子的

战船模型（春秋时期）

速战战略。孙子着眼于战争和经济的关系，主张战争应速战速决，在最短的时间内取得最大的战果，实现战争的目标。

七大战术指导原则 《孙子兵法》中的七大战术指导原则体现在战前准备、战略指导和作战指挥等各个方面，具体如下："致人而不致于人"；"兵以诈立"；"因敌制胜"；"奇正相生""我专而敌分"；"避实而击虚"；"因粮于敌"等。其中孙子"兵者，诡道"这一重要命题的提出，在军事思想史上是一次观念上的革命，具有划时代意义，也是孙子整个兵法体系的主要价值。

治军理念：令之以文，齐之以武 孙子非常重视军队管理和建设问题，提出了一系列具体的治军方法，包括将帅选用、军法建设、部队的训练和赏罚、官兵关系等。孙子治军的核心理念是"令之以文，齐之以武"，所谓"令之以文"，就是用政治教育、物质管理、精神鼓励来教育军队；"齐之以武"就是执法严明，对部队官兵的行为严格地规范和约束。

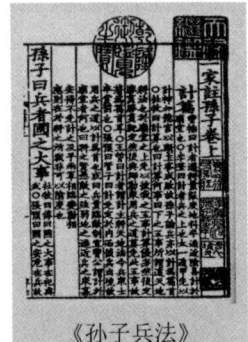

《孙子兵法》

哲学思想

《孙子兵法》不仅仅是一部系统全面的军事理论著作，也是一部具有丰富思想内涵的哲学著作。

朴素的唯物主义思想 《孙子兵法》中有大量的无神论和反天命论观点。孙子坚决排斥天神鬼怪的迷信之谈，明确表示天神鬼怪不可能决定战争的胜败。他阐述的战争双方的作战条件可以预知胜负的军事理论，是建立在科学分析和实事求是的基础上，与巫术迷信是相对立的。

朴素的辩证法思想 孙子在长期的军事

《孙子兵法》竹简出土现场

实践中，提出了许多矛盾的概念，如强弱、胜败、众寡、得失、安危、治乱等。这些矛盾的方面既是对立的，又在一定条件下互相转化。

同时，孙子对现象与本质的辩证关系把握得十分全面深刻。他认为对于敌人必须进行一番"去粗取精、去伪存真、由此及彼、由表及里"的分析，才能了解敌方的真实动态。

孙子还具有"具体问题具体分析"的意识，孙子强调，战争形势瞬息万变，要善于根据不同情况采取不同的战法。

故事链接

孙武斩爱妃 吴王想了解孙武的军事才能，令孙武选派180名宫女让其训练。孙武指定吴王最喜欢的两名爱妃为队长。这些宫女平时被宠惯了，哪里肯听指挥，乱哄哄地不成队形。孙武并不气馁，于是三令五申，重申了军纪。宫女们以为是闹着玩的，仍嬉笑如故。孙武正色道："我已反复演讲，你们仍不听，过在队长，先斩之！"吴王见要斩爱妃，慌忙求情，孙武说："将在外，君命有所不受。"遂将两名队长斩首示众，然后重新任命队长擂鼓操练，竟无人不遵从号令，训练收到了满意的效果。

讨论交流

1. 《孙子兵法》主要思想学说有哪些？请同学们交流一下自己的看法。
2. 《孙子兵法》不仅对军事，而且对企业管理、商业竞争、体育比赛等活动均具有普遍的指导意义。就"知己知彼"、"攻其不备，出其不意"以及"避实而击虚"等指导思想在体育竞赛中的运用，请同学们交流一下自己的看法吧。

中华传统文化

拓展活动

孙子曰：兵者，国之大事，死生之地，存亡之道，不可不察也。

——《计篇》

攻其不备，出其不意。——《计篇》

故兵贵胜，不贵久。——《作战篇》

是故百战百胜，非善之善者也；不战而屈人之兵，善之善者也。

——《谋攻篇》

凡战者，以正合，以奇胜。——《兵势篇》

故善战者，致人而不致于人。——《虚实篇》

以上文字是《孙子兵法》中的名言精选，请同学们利用课余时间认真阅读《孙子兵法》一书，收集相关《孙子兵法》的名言，领悟《孙子兵法》的主要思想学说。

第10课 《孙膑兵法》的主要军事思想

孙膑与其弟子所著的《孙膑兵法》（亦称《齐孙子》）是中国古代著名的兵书。《孙膑兵法》继承和发展了孙子的军事思想，总结了战国中期以前的战争经验，围绕着新形势下的战争问题，在战争观、军队建设和作战指导诸方面提出了许多有价值的思想主张，丰富了齐国兵学理论内容，促进了我国古代军事理论的发展。

孙膑，兵圣孙武的后裔，战国中期杰出的军事家

故事链接

孙膑年轻时曾和庞涓一起从师鬼谷子学习兵法。后来，庞涓当上了魏国的将军，嫉妒孙膑的才能，就把孙膑骗到魏国，挖掉孙膑的膝盖骨，使之成了残疾。孙膑在齐国使臣的帮助下，逃往齐国，当上了齐威王的军师。

鬼谷子教授图

知识链接

《孙膑兵法》其书 1972年4月，山东临沂银雀山汉墓出土一批孙膑论兵的竹简。经专家整理、编纂为《孙膑兵法》，分上下编，各十五篇，共收三百六十四简，一万一千余字。1985年版《孙膑兵法》定位十六篇，共收二百二十二简，近五千字。

"战而强立"的战争观 孙膑生活在战国中期，面对七雄争霸、诸侯割据、兼并战争日趋频繁的社会现实，他明确指出了"战胜而强立，故天下服"的指导思想。他认为在分裂、割据、混战和"诸侯并伐"的战争环境中，依靠"仁义"、"礼乐"无法"禁争夺"，只有通过战争才能实现国家的统一。这是孙膑战争观的核心思想，它揭示了战争的政治目的。

《孙膑兵法》深刻阐述了政治在战争中的地位和作用及民心向背对战争胜利的巨大影响，只有正义在手，才能更彻底、更充分地调动人的主观能动性，全面掌握战争的主动权，进而取得战争的胜利，达到"以固且强"、"战胜而强立"的目的。

孙膑还主张对战争认真研究，高度警惕。所以孙膑主张慎战，绝不能乐之好之。轻率好战者会导致亡国。不能"无义"地贪求胜利、无止境地穷兵黩武，否则必然灭亡。

临沂人民广场《孙膑兵法》铜刻

"事备而后动"的备战观 孙膑认为要进行战争并赢得胜利，还必须做好充分的战前准备。《见威王》篇提出了"事备而后动"的备战方针和战争指导原则，要求战前做好战争的各项准备工作，不打无准备之仗、无把握之仗。只有这样，才能做到"兵出而有功，入而不伤"。

他强调把战争准备的重点放在"有委"、"有义"上。有委就是要有充足的战略物资储备和雄厚的经济实力；有义就是要有正义的理由进行战争，以取得军民的支持，得道多助。孙膑还提出了备战标准，要求国家、军队做到常备

孙膑见威王

不懈，有备无患。

富国强兵的治军观 《孙膑兵法》发展了前人富国强兵的理论。认为在诸侯纷争的形势下，只有"富国"才是"强兵之急者"，国家富了，才有条件使军队强大起来。把富国作为强兵的当务之急，揭示了军队、国防、战争对国家经济的依赖关系，具有重要的指导意义。因而主张变法革新，发展经济，提高生产，以此建设强大的军队，夺取战争的胜利，促进统一的事业。

《孙膑兵法》重视质量建军。孙膑认为，一支素质优良的军队必须由精挑细选的士卒组成，然后治之以法，严明军纪，信赏明罚，不断提高士卒的政治素质，加强军队的管理与训练，并明确提出训练的五方面内容，要求按照战争本身固有的客观规律，结合具体的作战法则实战实练，尤其强调在平时的治军中加强"势"的训练，以达到"不临军而变"、善于造势任势、速战速决的目的。

《孙膑兵法》选将的标准严格，要求将帅懂得天文、地理、得民心、知敌情，通晓八阵要领和懂得不打无把握之仗的将领，才是帮助国君安邦定国的良将。

以人为主的制胜观 《孙膑兵法》重视人在战争中的地位和作用，强调发挥主观能动作用，把提高人的素质视为强兵制胜的关键。它在军事史上首次揭示了人是战斗力诸因素和战争制胜诸因素中第一位的，认为"于天地之间，莫贵于人"，人是战斗力的第一要素。因此，对将帅修养不仅提出德、信、忠、敬等一般要求，而且提出要有驾驭战争的能力。强调要想取得战争的胜利，必须依靠人为，利用有利条

战国战车综合复原图

件，克服不利条件，创造一切条件，才能达到克敌制胜的目的。

故事链接

《擒庞涓》："攻其必救"的战例——桂陵之战

公元前 354 年，势力强大的魏国进攻赵国，赵国向齐国求援，齐国任命田忌为将，孙膑为军师，率军八万前往救援。孙膑说服田忌，主张采取避实击虚的灵活战术，向魏国的国都大梁进军，造成兵临城下，大军压境之势。

庞涓得知消息，急忙率领轻车锐骑，昼夜不停地急行军回救大梁。孙膑预先在魏军回国的必经之地桂陵（今河南长垣西北）设下埋伏，当庞涓率领长途跋涉、疲惫不堪的魏军经过时，齐军突然出击，大败魏军。

这场战役又称为"桂陵之战"。这就是历史上著名的"围魏救赵"的辉煌战例。桂陵之战，是孙膑"兵之形，避实而击虚"军事原则的出色实践，他以杰出的军事谋略和指挥才能，导演了桂陵之战这一精彩的"剧目"。此役也为"不鸣则已，一鸣惊人"的齐威王称雄列国增添了信心和霸气。

讨论交流

1. 《孙膑兵法》主要军事学说有哪些？请同学们交流一下自己的看法。

2. 孙膑作为齐国的军师，他指挥的经典战例有哪些？请同学们搜集相关资料，交流分享一下。

3. 孙膑认为将帅一般要具有智、信、严、勇等修养。同学们联系实际，谈一谈选拔班干部时，是否也可以从以上要素出发，选拔出班级的精英骨干作为我们的班干部，带领全班同学在各方面取得出色的成绩。

拓展活动

1. 请同学们利用课余时间认真阅读《孙膑兵法》一书，搜集相关《孙膑兵法》的名言，领悟《孙膑兵法》的主要军事思想学说。

天地之间，莫贵于人。——《月战》

天时、地利、人和，三者不得，虽胜有殃。——《月战》

2. 关于马陵之战古战场遗址究竟位于何处，一直是众说纷纭。一种说法是"山东莘县"说，认为遗址在莘县境内金堤河岸脚下、大张家镇马陵村和樱桃园镇道口村之间。而另一种持有"山东郯城说"的一致定论为齐魏马陵之战战址就在山东郯城马陵山上。请同学们搜集相关资料，交流自己的看法。

第11课　《司马法》的主要思想学说

《司马法》大约成书于战国初期，作为先秦时期的一部重要兵书，它记载了从殷周起到春秋、战国时期治兵的典章制度，这些典章由治兵的司马掌管，历代或有增删，所记载的内容不限于一世一代。司马穰苴对春秋以前的古兵法有很深刻的研究，尤以能申明古司马法而著称。《司马法》论述的范围极为广泛，基本涉及了军事的各个方面，保存了古代用兵与治兵的原则。包括夏商周三代的出师礼仪、兵器、徽章、赏罚、警戒等方面的重要史料。

司马穰苴，春秋末期齐国人，著名的军事家，军事理论家

知识链接

《司马法》不仅具有重要的理论价值，而且具有重要的史料价值，它关于三代的军赋、军法等军制资料被许多史家和兵家征引。东汉以后，马融、郑玄、曹操等人的著作中，都曾以《司马法》为重要文献资料而加以征引，据以考证西周和春秋时期的军制。北宋元丰年间，《司马法》被列为《武经七书》之一，作为考试武臣、选拔将领、研究军事的必读之书。

《司马法》根据春秋末期和战国初期的战争实践经验，提出更进步的军事思想，概括起来主要有以下几点：

全面及"相为轻重"的朴素辩证法的军事思想

《司马法》的军事思想是建立在朴素辩证法指导思想基础上的。《司马法》中强调对敌观察要善于透过现象看清本质。强调对战争要全面考察，做到顺应天时，广集财富，人和，地利，兵器精良。战前既要周密计划，战中又要通达权变，注意侦查、洞悉敌方情况变化，对不同的敌人采取不同的打击方法。

《司马法》将战争中的诸多因素抽象为"轻、重"两个对立统一的因素。主张

《司马法》

司马穰苴墓

"以重行轻"，轻重相辅而成。把统帅的战术指挥称为轻，战略指挥称为重，主张轻重相节，不可偏废。但是轻重又是可以相互转化的。

《司马法》的"轻重说"运用广泛，有时运用于指挥号令，有时运用于装备兵器。轻重的另一层含义是"杂"，通过杂来扬长避短，取长补短，谋取优势。

"以战止战"的战争观

《司马法》认为，即使"止戈为武"、"以战止战"是必要的，那么它也是必须最大限度地不伤及无辜，不破坏民生。《司马法》的作者通过对春秋以来频繁战争的洞察，认识到要消除这种混战的状态，非用战争不可。

《司马法》按战争的目的，把战争分为正义和非正义两大类。认为天下战争如果是除去百姓的灾难、诛暴扶弱的就是正义的。所以为了正义而作战，为了保护自己国家百姓的安全攻打别的国家、为防止战争扩大而作战，都是可以的。

在对敌政策问题上，提出把战争"罪人"和一般兵士相区别，同时主张优待俘虏，对其伤者进行医护。不主张侵犯敌国民众的利益，要求

军队在进入敌区后，严格遵守纪律，以求得敌国民众的同情与支持。这是中国最早关于对敌政策和群众纪律的论述。

备战、慎战是《司马法》战争观的一个重要思想。强调居安思危，常备不懈，每年借春秋两次大规模的围猎活动进行军事操法训练和检阅，以示全国上下随时准备应战。在强调备战的同时，又强调"国虽大，好战必亡；天下虽安，忘战必危"的重要思想。

"仁义"为本的治军思想

《司马法》主张以仁义为根本，以义去治理才是正道，正道行不通就要用权变。即便避免不了使用暴力，仍要以仁义为前提条件。《司马法》的"仁义"思想贯彻全书的始终。

《司马法》把"仁"作为战争的最高目标，指出"以礼为固，以仁为胜"。主张治国治军思想的核心是六德：礼、仁、信、义、勇、智。《司马法》认为"治国尚礼，治军尚法"。二者有着本质的区别，"国容不入军，军容不入国"，"军容入国则民德废，国容入军则民德弱"。

铁盔甲

治军尚法的首要问题是严明赏罚，强调申军法、立约束、明赏罚是治理军队的关键所在。对将帅提出较高要求，指出将帅应当沉着冷静，"见敌，静；见乱，暇；见为难，勿忘其众"。要以道义教育部众，使之"悦其心，效其力"，在军队内部消除隐患和不稳定因素。

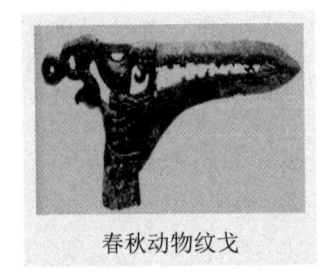

春秋动物纹戈

《司马法》中含有大量的军礼内容，大体可分为：出军制赋，军制，出师，徽章、誓师、军中礼仪，禁令，军威，赏罚，止语，等等。这些军制、军法内容的规定，体现了依法治军的思想。在将帅修养方面，提出"仁、义、智、勇、信"

五条标准。强调德才兼备，智勇双全，以身作则，身先士卒。要谦让、严明、果敢、负责、能为人表率，这样才能使军队做到有礼有节，勇猛善战。

故事链接

司马穰苴治军斩庄贾

齐景公初年，在晏婴的推举下，齐景公封司马穰苴为大将军，率兵御敌。穰苴深知自己出身卑微，景公便派亲信大夫庄贾作监军。司马穰苴和庄贾约定：第二天正午在营门集合出发。庄贾向来骄横，根本没把约定当回事。直到第二天太阳落山之时，庄贾才来。司马穰苴问："为何不按约定的时间来军营？"庄贾致歉地说："朋友送行，陪他们喝了点酒，因而来迟。"司马穰苴叫来军法官问道："按照军法，将领不按指定时间到军营的，该如何处置？"军法官回答说："应当斩首！"庄贾害怕了，派人快马向齐景公求助，还没等派去的人回来，司马穰苴已下令把庄贾斩首示众了。全军将士大为震惊，从此一扫齐军疲弊之风，军威大振。

讨论交流

《司马法》主张"以重行轻"，轻重相辅而成。"轻重说"辩证法思想运用广泛，请同学们交流一下，"轻重说"在日常学习生活中的应用。

拓展活动

用其所欲，行其所能，废其不欲不能；于敌反是。——《定爵第三》

中华传统文化

　　凡战，击其微静，避其强静；击其倦劳，避其闲窕；击其大惧，避其小惧，自古之也。——《严位第四》

　　以上是《司马法》中的名言精选，请同学们利用课余时间认真阅读《司马法》一书，搜集相关《司马法》的军事名言，理解《司马法》的主要思想学说。

第12课　《六韬》的主要思想学说

《六韬》又称"太公六韬"、"太公兵法",是中国汉族古典军事文化遗产的重要组成部分,被誉为是兵家权谋类的始祖。"六韬"包含"文韬"、"武韬"、"龙韬"、"虎韬"、"豹韬"和"犬韬"六篇,内容极为丰富广泛,以姜太公思想为主干,通过周文王、武王与吕望对话的形式,涉及战争观、战争谋略、作战指导和军事人才思想等多方面的军事理论,它的权谋思想较为突出。

《六韬》书影

军事观

强调争取人心　在《文韬》中,多次强调收揽人心的重要性,并提出收揽人心的具体方法。通过对历史经验的总结,结合对敌斗争的需要,作为周军政大员的吕尚,认识到人心向背与战争胜负的关系,因而采取了适合不同阶层要求的一系列措施,以争取广泛的社会支持和拥护。但是由于阶级和时代的局限,他强调的争取人心,主要是为了稳定奴隶制的社会秩序、缓和民众及奴隶与奴隶主的矛盾,以便更好地达到既定的

商周时期军队出征图

政治目标。

主张政治攻心，瓦解敌人 运用政治攻势来瓦解敌人，达到武伐所不能达到的效果，并为武伐创造有利条件。吕尚已经认识到了军事与政治的关系，即为了夺取战争胜利，不能一味靠军事进攻，还必须善于实施政治攻势，只有将二者紧密结合，才能顺利地实现战争目的。

文武并重，谋略为先 战争在于以智取胜，以最小代价换取最大胜利。高明的人运用智慧于无形，使人不见其智，运用谋略于作战之前，使人对其意图不能察觉。用兵之道在于把握战机，造成有利形势，要造成"外乱而内整，示饥而实饱，内精而外钝"的假象，以迷惑敌人。

攻城图

吕尚在灭商之战中不因自己势力的迅速发展而立即发动决战进攻，自始至终没有忘记用智谋削弱敌人，壮大自己，当商王朝分崩离析之际，又不失时机毅然发动进攻等政治、军事措施。这足以说明《六韬》中重视谋略制胜的理论，实来源于吕尚的军事思想，是吕尚谋略思想的继承和发展。

治国思想

《六韬》虽以兵书传世，但其内容却涉及到了国家宏观治理以及政治、经济的方方面面。其民本思想、经济思想、用人思想和刑德思想，都表现出永世不衰的活力。

商周时期水战图

"天下非一天之天下"的民本思想

天下为天下人所有，所以，君主必须与民同利。"同天下之利者，则得天下；擅天下之利者，则失天下。"怎样才能做到与天下同利呢？

《国务》指出：对民要"利而勿害，成而勿败，生而勿杀，与而勿夺，乐而勿苦，喜而勿怒"。这样民才能安居乐业，民富国安。只有使民致富的领导者，才能得到民的拥护，国家才能长盛。

农工商并举的经济思想 要壮大国家经济实力，必须要各行各业协调发展。姜太公以农、工、商协调发展的经济政策，促使齐国经济迅速恢复、发展、壮大，成为东方大国。其后管仲"四民分业"定居政策，正是这一思想的发展，从而创春秋首霸大业，齐国得以长盛。

人面纹钺

举贤尚功的用人思想 "王人者，举贤下不肖。"并强调，只举贤并不够，必须举而能用。"举贤而不用，是有举贤之名而无用贤之实。"对于用贤的原则、方法，《举贤》指出："各以官名举人，按名督实，选才考能，令实当其名，名当其实，则得举贤之道也。"这样详尽的举贤政策、考核方法，保障了齐国的君明臣贤，也为后人留下了传世经验。

赏信罚必的邢德思想 《六韬》主张，治国和治军一样，都必须有法规，但在执法的时候，要刑德相辅，因为惩和赏的目的，都在于教育。"赏一以劝百，罚一以警众。"因此，在赏罚面前，上层人物与下层庶民同等对待。在当时，罚用于上层人物是很难办到的事，而赏下人又往往被忽视，故《六韬》对此作了反复的强调。"将以诛大为威，以赏小为明。"其对上层人物，要求更加严格，而这样，才使邢赏体现了公平严明。

银雀山汉墓竹简博物馆《六韬》竹简出土于此

知识链接

太公家教

《太公家教》为姜太公所著，它是我国最古老的治家格言。由于语言通俗，被认为"浅陋鄙俚"，所以公私藏书家多未注意珍藏；史、志书籍也少著录。直到清代光绪二十五年（1899年）在"敦煌石窟"内发现唐人写本一卷，后被收入《鸣沙石室佚书》印刷出版。该书收录《太公家教》共五百八十句，计两千六百一十字。全书以四言为主，自始至终贯穿了"忠孝、仁爱、修身、勤学"的思想。

讨论交流

1. 《六韬》主要思想学说有哪些？请同学们交流自己的看法。

2. 《六韬》的权谋思想较为突出，在自己平时的生活学习中是否灵活运用到了《六韬》中的智慧？请同学们交流分享。

3. "天下非一人之天下，乃天下之天下也。"这条"韬略"出自《文韬·文师》，如果将此理论运用于学校管理中，则揭示了学校领导者、普通师生同整个学校的关系。一个学校之所以能迅速成长，甚至成为区市省的佼佼者，这固然可能因为决策层能力超卓，但更重要的是团队，是每一位师生。就此观点请同学们交流一下自己的看法。

拓展活动

凡三军以戒为固，以怠为败。——《金鼓》

将必上知天道，下知地理，中知人事。——《垒虚》

以上是《司马法》中的名言精选，请同学们利用课余时间认真阅读《六韬》一书，搜集相关《六韬》的名言，领悟《六韬》的主要思想学说。

参考文献

1. 《齐文化通论》宣兆琦、李金海主编 新华出版社
2. 《齐都名著》解维俊主编 百花文艺出版社
3. 《齐文化廉政故事》临淄齐文化研究社编 中国社会科学出版社
4. 《孙膑兵法》廖杨膑主编 新华出版社
5. 《六韬·三略》李捷 内蒙古人民出版社
6. 《先秦兵书研究》解文超著 上海古籍出版社
7. 《中国历代兵法》少林木子 内蒙古文化出版社
8. 《〈孙膑兵法〉的理论贡献及现实意义》陈湘灵 滨州学院学报
9. 《〈孙子兵法〉的文学成就》万怀玉 辽宁大学学报

第四单元 稷下学

战国时代，齐都临淄的稷下学宫，是当时学术文化的交流中心和诸子百家争鸣的主要场所。稷下学宫的创建，稷下百家争鸣的展开，不仅形成了先秦百家争鸣的高峰，促进了学术思想的繁荣，而且对我国古代思想文化的发展产生了重大而深远的影响。

稷下学宫的学术博大精深，在其兴盛时期，曾容纳了当时"诸子百家"中的几乎各个学派，汇集了天下贤士多达千人。本单元着重介绍黄老、墨家、阴阳五行、名家、纵横家、儒家主要学派的思想学说。

第13课　黄老学说

齐国本为姜姓之国，战国初为田氏所取代，史称"田氏代齐"。田氏代齐后，为了笼络人才、巩固政权，便创立了稷下学宫，并四处延揽人才，不久就出现了诸子驰说、百家争鸣的盛况。而在稷下学宫诸子百家中，人数最多、势力最强、著作最丰、影响最大的当属稷下黄老道家，可以说是"黄老独盛，压倒百家"。

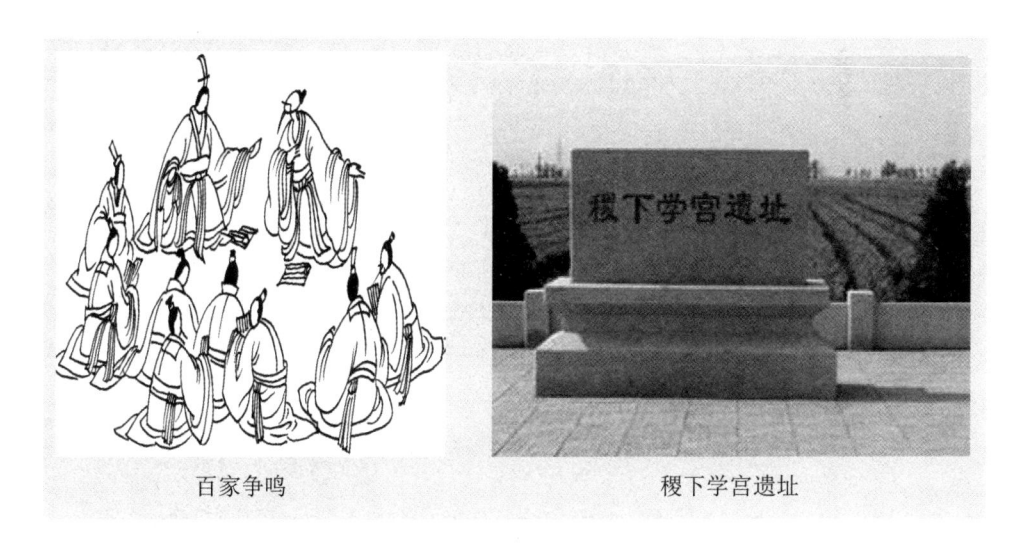

百家争鸣　　　　　　　　　稷下学宫遗址

黄老之学是除老庄学派之外道家的最大分支，黄老之学产生于中国战国时代（约公元前5—3世纪）的哲学、政治思想流派。该流派尊传说中的黄帝和老子为创始人，所以得名。它的基本体系是由稷下学者首先建立的，因此，在我们提及黄老之学时，首先考虑到的是稷下黄老学派。

中华传统文化

知识链接

黄老学说和道家的关系

黄老道家是道家的两大分支之一，在战国秦汉时期，是道家思想的主要形式。魏晋玄学崛起后，它的地位才被老庄派取代。而且它与老庄派关系非常密切。今本《道德经》就是老子原始思想和黄老思想共同融合的结果，即使是老庄派的代表作——《庄子》，也深深的打上了黄老思想的烙印。

田氏政权奉行黄老之术，稷下先生在齐国受到特别的优厚待遇。稷下黄老学派的主要代表人物有彭蒙、慎到、田骈、环渊、接子等。

知识链接

慎到：战国时思想家。主张"因循"、"尚法"和"重势"。他的名言："贤智未足以服众，而势位足以诎者。"早年学"黄老之术"，后来成为法家重要代表人物。

田骈：战国时思想家，稷下先生。曾在稷下讲学，因能言善辩，人称"天口骈"。主张"贵齐"、"顺道"、"明分"、"立公"。

慎到

主要思想 黄老学派托黄帝之名号，以老子之学为基础，继承、发展了老子关于"道"的思想，兼采阴阳、儒、法、墨等学派的观点，形成自己的一家之言。

黄老学派认为，道乃万物之本，无所不在，并表现为支配事物的法则

"以道变法者，君长也。"
——《慎子·佚文》

和规律,只有顺应自然,因循法则和规律,才可以变"道之无为"成"法之有为"。也就是说,顺乎天道时势,操作合乎客观规律,即可以达到有作为的目标。

黄老学派强调"道生法",强调道法结合,以道论法。如慎到认为,"道"是变法的依据,法是道在社会生活中的具体体现,是社会生活的普遍法则。

黄老学派还主张君主应"无为而治"、"与民休息"。通过"无为"而达到"有为"。所谓"无为"就是要求政府尽量不要干涉人们的生活,不要一味追求所谓的丰功伟业和政治霸权。

黄老学派的代表人物慎到还提出了独具特色的民本思想,认为天子、国君是为民谋利益的,人民是主体,而天子、国君则是从属于民的。

稷下黄老之学道法结合的理论,作为稷下学的重要学术成就之一,引领了战国学术思想发展的潮流和方向,对于推动当时的社会进步和历史发展,起到了不可替代的作用。

思想发展　稷下黄老学派植根于齐、发育于齐而昌盛于齐。黄老道家对儒、墨、名、法等百家采取兼收并蓄、兼容并包的态度,不但丰富了自己的理论体系,也对其他学派产生了深远的影响。

> 如果从学术渊源上来说,法家是黄老道家派生出来的。法家学派非常重视道的规律性,明晰了"道"与"理"的关系,对黄老思想有继承和发展。

齐国统治者重用黄老思想治国,成为了战国七雄中最富强的国家之一。到了战国晚期,稷下学宫衰落,稷下黄老学派的传人也逐渐散去。后来吕不韦在秦国推行黄老政治,使得秦国的经济和文化出现了短暂的繁荣景象。秦始皇执政后不久实行"焚书坑儒"的文化专制主义政策,使得包括黄老道家在内的百家思想遭到了沉重打击。汉初,社会经济衰弱,朝廷推崇黄老治术,采取"轻徭薄赋"、"与民休息"的政策,促进了社会经济的较快发展，从而出现了中国历史上的经济文化发展水平最高的盛世——"文景之治"。

知识链接

儒家思想取代了道家思想成为国家的正统思想后，黄老道家思想并没有完全消失。大多数时候，统治者像汉宣帝说的那样，是"霸王道杂用之"。即有时是"外儒内法"，有时是"外用儒术，内用黄老"。每当君权受到主客观条件的部分限制时，黄老道家就会复活，并带来经济文化上的繁荣。"文景之治"、"贞观之治"、"开元盛世"、"康熙盛世"，以及两宋时期经济文化的高度繁荣、明末清初的启蒙思潮、今天改革开放的成就，都与黄老思想有密切关系。

讨论交流

1. 你知道稷下学宫遗址在哪吗？走出家门，去探寻一下历史的遗迹吧。
2. 黄老思想强调道法结合，对今天我国坚持依法治国有什么启示意义？请与同学们交流一下吧。

拓展活动

故立天子以为天下，非立天子以为天子也。立国君以为国，非立国以为君也。立长以为官，非立官以为长也。——《慎子·威德》

这段话的意思是说立天子、立国君，是为了服务于天下国家，而不是立天下为了天子，立国家为了国君。这体现了慎到独具特色的民本思想，在一定程度上反映了人民的要求和愿望。

请同学们讨论一下慎到的民本思想对今天我国坚持以人为本有什么借鉴意义。

第14课　墨家学说

墨家是春秋战国时期"百家争鸣"中出现的一个重要学派。墨家约产生于战国时期，创始人为墨翟（墨子）。墨家是一个宣扬仁政的学派，主张"兼爱"、"非攻"、"尚贤"，与儒家观点尖锐对立。墨家在先秦时期影响很大，在法家崛起以前，与儒家并称"显学"。

虽然稷下墨家的有无存在疑问，但源于墨家创始人墨子曾多次来齐授徒讲学，同时在稷下学宫中进行学术交流的也不局限于墨子学派的齐国人等诸多原因，很多学者认为稷下墨家应在稷下学宫中占有一席之地，是稷下学宫中的一个重要派别。

知识链接

墨子是中国历史上唯一一个农民出身的哲学家，墨子创立了墨家学说。墨家在先秦时期影响很大，与儒家并称"显学"。他提出了"兼爱"、"非攻"、"尚贤"、"尚同"、"天志"、"明鬼"、"非命"、"非乐"、"节葬"、"节用"等观点。以兼爱为核心，以节用、尚贤为支点。墨子在战国时期创立了以几何学、物理学、光学为突出成就的一整套科学理论。在当时的百家争鸣，有"非儒即墨"之称。墨子死后，墨家分为相里氏之墨、相夫氏之墨、邓陵氏之墨三个学派。其弟子根据墨子生平事迹的史料，收集其语录，完成了《墨子》一书传世。

代表人物　稷下墨家的主要代表人物是宋钘。宋钘（约公元前370年—公元前291年），又称宋子，宋国宋城人，齐宣王时的著名稷下先生并曾"三为祭酒"，在战国时的诸子百家中有着举足轻重的地位。

知识链接

宋钘,与尹文齐名。著有《宋子》一书。

《孟子·告子下》记载,孟子曾会见过宋钘,并称他为"先生",孟子自称"轲",可能宋钘比孟子稍长。活动的时代在齐威王、宣王之时。

主要思想 宋钘以救世为责任,提出了一系列治理社会的主张,继承并发展了墨子的思想学说。

情欲固寡 这是其政治思想的理论根据。所谓"情欲固寡",是认为人生而少欲,是一种本性。这一观点是社会下层清苦生活状况的理论体现。宋钘主张"情欲固寡",目的是要统治者克服私欲,结束相互攻伐征战,减轻劳动人民负担。

反对战争 为了制止战争和冲突,宋钘主张"见侮不辱"、"禁攻寝兵"、"愿天下之安宁以活民命"。这些主张与墨子的"非攻"观点是一致的。这些主张反映了劳苦大众渴望和平、厌恶战争的情绪。

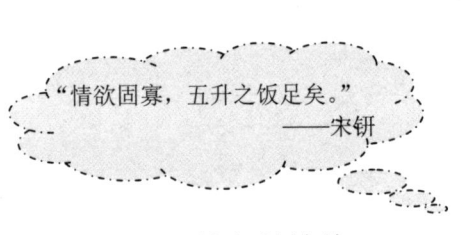

"情欲固寡,五升之饭足矣。"
——宋钘

知识链接

"见侮不辱"和"情欲寡浅"是宋钘对墨子学说的补充和发展。同墨子相比,宋钘更注重向内追求主观精神的修养,强调人的行为要对自己的内心负责,对人要宽容,并同墨子一样,把人对外部物质世界的要求降到最低限度。他认为这样就可以避免人们之间由物质利益而引起的冲突,也可以避免由于维护名誉、尊严等引起的争斗,从而便可达到"救世之战"和"救民之斗"的目的。

讨论交流

1. 稷下墨家的主要思想有哪些？来交流一下吧。
2. 稷下墨家的思想有什么现实意义？

拓展活动

　　宋钘的思想兼收并蓄，既包含了墨家"非攻"、"利天下"的反对战争、救民于水火的思想，又包含了道家"少私寡欲"、注重内心修养的思想，甚至融和了儒墨两家。这给后人透露了一个信息，在"百家争鸣"时代，各种思想之间是相互交流，相互影响的。百家争鸣促成了中国历史上第一次思想大解放、文化大繁荣的黄金时代的到来。

　　今天，我国正在大力发展社会主义文化，请同学们交流一下上述文化现象对我们今天促进文化的繁荣有什么借鉴意义？

中华传统文化

第15课　阴阳五行学说

阴阳五行学派又称阴阳学派或阴阳家。春秋以前阴阳与五行是分属的两个范畴。春秋时期，管仲的阴阳五行说是对春秋以前阴阳和五行说的继承与融合，并对其后邹衍阴阳五行学派的形成产生了直接的影响。战国时期，齐人邹衍将阴阳与五行结合起来谓之"阴阳五行说"，并在稷下学宫形成了一个影响深远的学派，即稷下阴阳五行学派。

知识链接

> 不知壹天下，建国家之权称，上功用，大俭约而僈差等，曾不足以容辨异，县君臣，然而其持之有故，言之成理，足以欺惑愚众，是墨翟、宋钘也。
>
> ——荀子

代表人物　阴阳五行学派的主要代表人物是邹衍、邹奭。邹衍，又称邹子，战国时期齐国人，著名的稷下先生，稷下阴阳五行学派的创始人和我国古代阴阳五行学说之集大成者。

> 《史记·孟子荀卿列传》记载邹衍著作"《终始》《大圣》之篇十余万言"，还有一本《主运》。司马迁《史记》中列他为稷下诸子之首，说"驺衍之术，迂大而宏辨"。
>
> 邹奭：战国末期阴阳家，齐国人。稷下晚期著名学者，稷下阴阳五行学派的重要代表人物，齐国三邹子（邹忌、邹衍、邹奭）之一。《史记·孟子荀卿列传》把邹奭列在邹衍之后，并称其"颇采邹衍之术以纪文"。

主要思想　邹衍的主要学说是"五德终始说"和"大九州说"。

"五德终始说"　这是邹衍的社会历史观。邹衍把五行（金、木、水、火、土）各赋予道德属性，由五行而为五德（金德、木德、水德、火德、土德），然后以五行相生相克的模式来说明政权更替的原因，论证新政权新朝代产生的合理性。

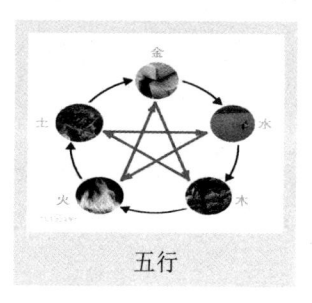

五行

> 邹衍主张五德始终，以此说明新朝代代替旧朝代的必然性、合理性，深合各国统治者的口吻，成为战国七雄展开兼并战争、争夺统一政权的舆论工具。因此，邹衍所到之国，都受到礼遇。

邹衍的"五德终始说"在论证政权更替中承认了历史不是静止而是变化的，但他的变化观点并不是辩证的发展而是历史的重演与循环。因此，这一思想是历史循环论和宿命论，陷入了历史唯心主义误区。

"大九州说" 这是邹衍关于世界地理的学说。邹衍认为，中国是由九个小州所组成的大州，称之曰"赤县神州"。而世界上像赤县神州这样的大州共有九个，故称为大九州。

> "中国名曰赤县神州。赤县神州内自有九州。"
> ——《史记·孟子荀卿列传》

虽然大九州的地理说是邹衍的猜测、推想，但这一思想对古代地理学有相当大的贡献，并启迪了人们对世界的认识。

知识链接

邹衍吹律

【出处】
邹衍在燕，有谷地美而寒，不生五谷，邹子居之，吹律而温至黍生，至今名黍谷。——刘向《七略别录·诸子略》

【释义】

燕国黍谷一带土质肥沃，但因气候寒冷，五谷不生。邹衍居住此地后，吹奏乐曲，使气候变暖，可生长黍谷，故将此地称为黍谷。

"邹衍吹律"的传说

某年春天，邹衍来到渔阳郡（今北京市密云区西部），见此地依然还是冬天，寒气太盛，草木不生，百姓生活很苦；邹衍便登上了郡城南边不远的一座小山，吹起了律管，演奏春之曲。之后，这座小山便飘来暖风，阳光明媚，冰消雪化，树叶绿了、花儿开了；然后整个渔阳大地也变暖了。

为了纪念邹衍的帮助，就把他吹律管的小山定名为黍谷山，又在山上建了邹夫子祠，在祠前栽了两颗银杏树。时至今日那两棵银杏树依然枝繁叶茂，散发着一缕缕的清香。

讨论交流

1. 你知道邹衍的主要观点吗？和同学来交流一下吧。
2. 用辩证法的发展观来分析一下"五德终始说"吧。

拓展活动

所谓中国者，于天下乃八十一分居其一分耳。中国名曰赤县神州。赤县神州内自有九州，禹之序九州是也，不得为州数，中国外如赤县神州者九，乃所谓九州也。于是有裨海环之，人民禽兽莫能相通者，如一区中者，乃为州。如此者九，乃有大瀛海环其外，天地之际焉。——邹衍

这段材料是邹衍关于世界地理的观点。我们从中发现了"神州"、"九州"等中国别称。和同学们讨论下，中国还有哪些别称，并说说这些别称的来历。

第16课　名家学说

春秋战国时期，随着社会形态的新旧交替，社会上的名物制度发生了重大变化，传统的、旧的"名"已不足以反映新的现实，或是反映新事物的"名"尚未得到社会的普遍认可，各学派对名物提出了不同的主张和概念，于是产生了名家。

"名家"主要在名和实问题上展开争论，着意于名、实关系的研究，侧重于探讨思维形式和规律。并且以善辩成名，形成一个学派。名家学派是稷下学宫中一个重要学派，在当时影响很大。

知识链接

"名"就是指称事物的名称，用今天的话说，就是"概念"；"实"就是"名"所指称的事物。

代表人物　名家学派的主要代表人物是尹文、儿说、田巴。

尹文，尊称"尹文子"，齐国人。中国战国时代著名的哲学家。主要活动于齐宣王、齐闵王时期。

儿说，中国战国时期宋国人，游学于稷下，为早期名家学者，是著名的稷下先生。

尹文

主要思想

"以实务名说"　尹文主张人们按照事物的本来面目来认识事物，

"名"一定要符合"实",反对名不副实。这一理论用以治国,则要求执政者要分清是非,选贤而去不肖,"赏"合其功,"罚"符其过,以此治国富民。

知识链接

齐宣王射箭

齐宣王爱好射箭,喜欢别人夸耀他能够拉开强弓,其实他使的弓只用三石的力气就能够拉开了。他把这张弓交给左右的人传看。身边的人都试着拉,但只把弓拉到一半,就装着拉不动的样子,恭维地说:"这张弓没有九石的力气拉不开。除了大王以外,谁还能够使用这张弓呢?"齐宣王听了非常高兴。

在此故事中,三石是实,九石是名。齐宣王有九石之名,而无九石之实。于是,尹文感叹道:"宣王悦其名而丧其实。"

"白马非马说" 儿说是"白马非马"论的始作俑者,公孙龙承后而详论之。儿说善于辩说,以"白马非马"之论折服稷下学宫中众多的著名辩士。"白马非马"论认识到事物的差异与对立性,同时也将这种差异与对立绝对化,没有认识到事物所包含的共性与个性的对立统一关系,犯了形而上学的错误。

白马非马

知识链接

白马非马

公孙龙是战国时期平原君的食客，一天，他牵一匹白马出关被阻，公孙龙便以白马非马的命题与之辩论，守关的人辩不过他，公孙龙就牵着马出关去了。公孙龙说，白马为非马者，言白所以名色，言马所以名形也；色非形，形非色也。夫言色则形不当与，言形则色不宜从，今合以为物，非也。如求白马于厩中，无有，而有骊色之马，然不可以应有白马也。不可以应有白马，则所求之马亡矣；亡则白马竟非马。

讨论交流

1. "以实务名说"有什么现实意义？和同学来交流一下吧。
2. 用辩证法的矛盾观来分析一下"白马非马说"吧。

拓展活动

黄公好谦

齐国有个叫黄公的人，喜欢谦虚。他有两个女儿，都是全国少有的美女，因为她们很美，黄公就常用谦辞贬低她们，说是丑陋不堪。丑陋的名声传得很远，以致她们过了订婚的年龄而全国没有来聘娶的人。卫国有位老而无妻的人，过了正常的婚娶年龄，冒失地把他的一个女儿娶去，果真是绝色佳人，以后逢人就说："黄公喜欢谦虚，故意贬低女儿，说她们长得不美。"于是人们争着送聘礼来求婚，把另一个娶去，也是个漂亮无比的美人。

请同学们认真读上面故事，并交流一下自己的想法。

中华传统文化

第17课　纵横家学说

纵横家产生于春秋向战国过渡的时代，是当时社会变革与动乱的产物。他们依赖"三寸不烂之舌"，审视天下大势，奔走游说，纵横捭阖，往往折冲樽俎之间，而决胜千里之外，成为各国统治者器重的学派。

代表人物　稷下纵横家的代表人物是淳于髡。他是稷下学宫中最早的稷下先生之一，也是当时学宫中的翘楚人物，曾长期活跃于稷下学宫的舞台上，对齐国的政治、思想、文化等做出了重要贡献。

主要思想　淳于髡的主要思想有"得全全昌，失全全亡"的政治主张、"极之而衰"的辩证思维、"物各有畴"的类属之说、"有诸内，必形其外"的认识论等。

淳于髡（约公元前386年—前310年），黄县（今山东省龙口市）人，战国时期齐国著名的政治家和思想家。以博学多才、善于辩论著称，是稷下学宫中最具有影响的学者之一

"得全全昌，失全全亡"的政治主张　淳于髡是战国时期著名的政治活动家，他滑稽多辩，且善于讽谏，《史记·滑稽列传》称赞他"数使诸侯，未尝屈辱"。

齐威王即位之初，终日沉湎酒色，不理朝政，出现了所谓"百官荒乱，诸侯并侵，国之危亡"的局面。淳于髡先以"国中有大鸟"讽谏齐威王奋发振作，又以"臣饮一斗亦醉，一石亦醉"阐述"极之而衰"的道理，再以"三人共牧一羊，羊不得食，人亦不得息"寄望齐威王裁减冗员。当邹忌因鼓琴进谏齐威王拜相后，淳于髡曾以"微言"考察邹忌，提出了"得全全昌，失全全亡"的改革治国的政治主张。"得全全昌，失全全亡"的意思是说，作为一国之相，要以国家大局为重，考虑事情周详完备,这样才会使国家繁荣昌盛。反之,就会彻底败亡。

据《史记·田敬仲完世家》载淳于髡与邹忌的对话,可以将淳于髡"得全全失,失全全亡"的政治主张粗略概括为以下五点:改革要周全详备,把握大局,礼、法兼备;要为国君尽忠,且善于审视群臣是否为国尽忠;为政要以民为本,符合人民群众的根本意愿;举荐官吏要选贤任能,不能让小人滥竽充数;改革治国要以法律制度为基本保障,严格监督和清除贪官污吏。

"极之而衰"的辩证思维 《易经》"日中则昃,月盈则亏",最早提出有关矛盾转化的思想。后来的老子、晏婴对事物发展变化的规律也有相对深刻的认识。淳于髡在前人的基础上,将这一思想概括为更具有普遍性和广泛性的哲学命题——"极之而衰"。

故事链接

据《史记·滑稽列传》记载,在齐威王八年的时候,楚国集中兵力攻打齐国,齐国危在旦夕。齐威王命令淳于髡到赵国搬救兵,结果赵国借给他"精兵十万,革车千乘",最终迫使楚国退兵。齐威王因淳于髡退兵有功,于是置酒后宫,准备与他豪饮庆贺。淳于髡知道齐威王喜好"长夜之饮",于是大胆讽谏。他先向齐威王说明了"饮一斗亦醉,一石亦醉"的道理,最后总结道:"酒极则乱,乐极则悲。万事尽然,言不可极,极之而衰。"

淳于髡提出"极之而衰",是想要告诉齐威王,事物具有矛盾转化的规律。当事物发展到极点,就会向它的对立面转化。淳于髡运用辩证思维,不仅提出了问题,而且还提出了解决问题的办法,即"不可极"。对于齐威王来说,明白"极之而衰"的理论具有巨大的实践

> "酒极则乱,乐极则悲。万事尽然,言不可极,极之而衰。"
> ——《史记·滑稽列传》

意义。齐威王认可了淳于髡的"极之而衰"的辩证思维，于是"罢长夜之饮"，励精图治，最终成就了齐威王三十余年的霸业。

"物各有畴"的类属之说 所谓"物各有畴"，是说任何事物都有各自的类属关系。这是淳于髡向齐威王解释一天之内可以举荐七位贤士的原因时，提出的一个哲学命题。

淳于髡"物各有畴"的观点认为，世界上的万事万物彼此不是孤立存在的，而是普遍联系的。并且，这些事物因其外部特征和本质属性间的差异形成了不同的类属关系。因此，任何事物都有自己的畴类，任何个别总是同一般相联系。淳于髡运用逻辑推理的方法，从鸟有鸟之畴，兽有兽之畴，贤者有贤者之畴，得出了"物各有畴"的普遍性结论，由个别上升为一般。反过来，他又要求人们以"物各有畴"的一般认识为指导，去研究个别事物，解决具体问题。淳于髡利用事物间的同异关系、类属关系，不仅充分说明了"一日而荐七士"的问题，而且深化了人们对客观事物的认识，对人们更加深刻地认识客观事物提供了切实可行的、便捷的方法。

"有诸内，必形其外"的认识论 淳于髡在同孟子进行辩论时，提出了"有诸内，必形诸外"的认识论思想。他说："昔者王豹处于淇，而河西善讴；绵驹处于高唐，而齐右善歌；华西杞梁之妻善哭其夫，而变国俗。有诸内，必形诸外。为其事而无其功者，髡未尚睹之也。是故无贤者也；有则髡必识之。"

淳于髡认为，世界上的万事万物都具有"内"和"外"，也即内容与形式、本质与现象两个方面，是"内"与"外"构成的矛盾统一体。事物的"内"必然会通过其"外"表现出来，也就是说，事物的本质、内容必然会通过事物的形式和现象表现出来，没有无"内"的"外"，也没有无"外"的"内"。因此，人们可以通过事物的"外"来把握其"内"，通过事物的形式和现象来把握其内容与本质，这对于指导人们认识客观事物具有极重要的方法论意义。

故事链接

淳于髡与孟子之辩

淳于髡喜欢与人辩论，连儒家的亚圣孟子都受到过他的"刁难"。据说，至今临淄都流传着这样的民谣：孟子遇见淳于髡，吓不死也发昏。

有一次，孟子游历齐国，淳于髡知道后，便去拜访他："请问先生，男女之间授受不亲，是礼制所规定的吧？"孟子规规矩矩地回答说："淳于先生，你说的男女授受不亲当然是礼制规定的。"淳于髡说："假如你老婆掉水里了，兄弟我是救她还是不救呢？"孟子很生气，心想这个淳于髡简直是胡说八道："嫂嫂溺水了不去救，简直就是狼心狗肺！"可能孟子意识到自己说的话大失体统，慌忙补充道："男女授受不亲，的确是礼。但救嫂子，是权宜之计啊。"淳于髡讥讽孟子："那现在天下黎民生活在水深火热中，你为什么不伸出友爱之手呢？"孟子说："救天下黎民要授之以道。我老婆掉水里，可以拉一把。难道天下人还得挨个去拉吗？"淳于髡明白：孟子是圣人，他的作用是教化，而不是凡事都亲自去做。

讨论交流

1. 淳于髡以微言讽谏齐威王得到了很好的效果。请同学们思考一下，如果你看到身边的同学做了错事，你应该怎样委婉地说出你的建议，让他可以轻松接纳，并且最终能够改正错误呢？

2. 淳于髡"得全全昌，失全全亡"的政治主张对于当今社会政治建设具有什么样的指导意义？请与同学们交流一下自己的看法。

中华传统文化

拓展活动

"齐威王之时喜隐，好为淫乐长夜之饮，沈湎不治，委政卿大夫。百官荒乱，诸侯并侵，国且危亡，在于旦暮，左右莫敢谏。淳于髡说之以隐曰："国中有大鸟，止王之庭，三年不蜚又不鸣，王知此鸟何也？"王曰："此鸟不飞则已，一飞冲天；不鸣则已，一鸣惊人。"于是乃朝诸县令长七十二人，赏一人，诛一人，奋兵而出。诸侯震惊，皆还齐侵地。威行三十六年。语在田完世家中。"——《史记·滑稽列传》

　　以上文字是淳于髡的表述，请同学们利用课余时间认真阅读《史记》的相关内容，认真领悟淳于髡的政治思想。

第18课　儒家学说

春秋战国时期，儒家学派极具盛名，成为显学。稷下学宫作为战国时期的文化中心，吸引了众多学派到此进行学术文化交流，儒家学派亦是如此。

主要人物　孟子、荀子是稷下学宫中稷下儒家学派的主要代表人物。

孟子、荀子因久居于齐，其儒家思想中渗透了相当多的齐文化要素，这既是儒家学说的发展，也是稷下儒家齐学化的体现。可以说，以孟子、荀子为代表的稷下儒家是齐学化的儒家，稷下儒家学说是齐学化了的儒家学说。

孟子（公元前372年至公元前289），名轲，字子舆，周朝诸侯国邹国（今山东省邹城）人。后世追封孟子为"亚圣公"，被尊称为"亚圣"

孟子的主要思想　孟子的学说主要体现在《孟子》一书中。其思想可以概括为："民贵君轻"的仁政思想、"人性之善"的心性学说、"天人合一"的认识理论等。

知识链接

《孟子》其书

《孟子》为"四书"之一，由孟子及其弟子等著。《汉书·艺文志》著录《孟子》十一篇，现存七篇十四卷。总字数三万五千余字，二百八十六章。相传另有《孟子外书》四篇，已佚（今本《孟子外书》系明姚士粦伪作）。书中记载有孟子及其弟子的政治、教育、哲学、伦理等思想观点和政治活动。

民贵君轻　孟子提倡"民贵君轻"的仁政思想。他认为"民为贵，社稷次之，君为轻"，大胆地将人民、国家、国君的关系做出了明确的划分。他还指出，"以力假仁"的"霸道"和"以德行仁"的王道，有"力服"和"心服"的根本区别，所谓"以力服人者，非心服也，力不赡也；以德服人者，中心悦而诚服也"，具有完全不同的政治效果。只有"以德行政""发政施仁"，才能使人心悦诚服，"得人心者，得天下"，进而"保天下"。

人性之善　孟子主张"性善论"。他认为，"人性之善也，犹水之就下也"。这句话的意思是说，水性总是往下流，人性也总是善的。孟子把"善"的本质分为恻隐、羞恶、辞让、是非之心，即"四端"。他认为，只要努力扩充"四端"，以至性善臻于完备，就可以成就德行。在当时的历史条件下，孟子提出这一点是难能可贵的。

孟子以"性善论"作为人们修养品德和行王道仁政的理论根据，认为仁、义、礼、智等伦理道德的要求源于人的本性本心，有伦理学意义，同时"性善论"认为通过学习，人人都可以成为尧舜那样的君子，又强调了教育的可能性，具有很大的教育意义。特别在我国加强思想道德建设，树立社会主义核心价值观的今天，学习孟子的"性善论"思想具有极大的价值意义。

《孟子》

天人合一　孟子提出了"天人合一"的宇宙观。他认为"顺天者存，逆天者亡"，上天的权威是不可抗拒的。在解决"天"与"人"的关系问题上，主张既信天命，又强调人的主观自觉，即"天人合一"。

孟子在论述天人关系时，还对天命赋予了道德属性。他说："诚者，天之道也；思诚者，人之道也。"他认为，天命是诚实无欺、真实无妄的，人也应该做到诚实守信。他还指出，"仁义忠信，乐善不倦"是天命所赐予的品格。此外，他还把天人关系等同于天民关系，将重民思想紧密联系在一起，即所谓"天视自我民视，天听自我民听"，也就是说民的视听表现了天的所见所闻，民意反映了天意。

荀子的主要思想　荀子作为稷下儒家的另一个代表人物，他的学说主要体现在《荀子》一书中。其思想大致可以概括为"化性起伪"的人性理论、"隆礼重法"的立法思想、"学至于行"的知行学说等。

知识链接

《荀子》其书

《荀子》是战国末期的儒家典籍。该书是记录荀子思想的主要著作，全书一共三十二篇。《荀子》一书内容十分丰富，博大精深，是先秦学术思想成果总结性的著作，展示了他在哲学、逻辑学、伦理、政治、经济、军事、教育、科学、文学、艺术等各方面的研究成果。《荀子》与《孟子》《庄子》《韩非子》四部著作被誉为先秦诸子散文的四大支柱。

化性起伪　与孟子相反，荀子提出了"性恶论"的观点："人之性恶，其善者伪也。"他主张人性有"性"和"伪"两部分，性（本性）是恶的动物本能，伪（人为）是善的礼乐教化，否认天赋的道德观念。荀子主张人之性恶，但并没有因此而走向道德悲观主义，而是提出了独特的道德教育和道德修养之路——"化性起伪"。

"化性起伪"，就是要通过道德教育和道德修养，化先天之"性"为后天之"伪"。荀子说："故圣人化性而起伪，伪起而生礼义，礼义生而制法度。"（《性恶》）

"化性起伪"的基点是承认人性是可变的，人在实际上是善是恶，取决于他所处的后天环境和主观的努力。不论是圣人还是凡愚，先天本性并无差别，差别只在于后天，"注措习俗之所积耳"（《荣辱》）。人只要积极从事于伦理道德的实践，就能由恶转化为善，使先天本性与后天人为统一起来。因此，荀子提出"涂之人可以为禹"的结论。可见，荀子与孟子虽然在先天人性善恶的判定上互相对立，但从其价值导向都是为善来说，二者并无差别。

"礼"字的书法作品

隆礼重法　荀子力主礼法并举。他说："治之经，礼与刑，君子以修百姓宁。明德慎罚，国家既治四海平。"这句话集中反映了他关于礼治与法治相结合的思想。

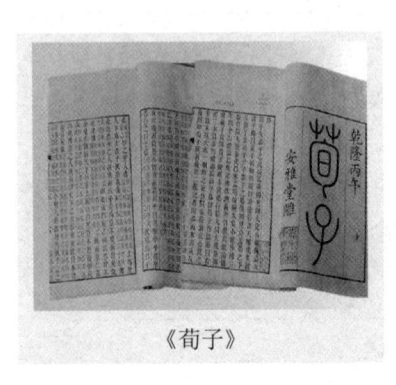

荀子认为，礼是法的纲领、基础，是立法与道德的根据。然而，礼统率法，但不能代替法。因为礼规定的是人的等级管理，而法则规定人的行为准则和制裁方法。礼治与法治相结合，可以使统治者既有"道德之威"，又有"暴察之威"，就可以做到"隆礼治法则国有常"。因此，礼治与法治相结合是使国家大治的最重要的政治手段。荀子的这一思想在特别强调依法治国和以德治国的当今社会具有重要的意义。

《荀子》

学至于行　荀子认为"学至于行而止"，重知，更重行。荀子把行看作是认识的来源，他说："不登高山，不知山之高也；不临深溪，不知地之厚也。"

真知源于实践，他把人的认识过程划分为闻见、知、行三个阶段。由闻见到知、行，是认识不断深化的过程，行是认识的目的和归宿。人们行其所学，才能深明事理，验证事物的真伪，行之而又能够明之，就能够达到圣人的境界。

故事链接

五十步笑百步

战国时代，诸侯王国都采取合纵连横之计，远交近攻。

战争连年不断，可苦了各国的老百姓。孟子看了，决定周游列国，去劝说那些好战的君主。孟子来到梁国，去见了好战的梁惠王。梁惠王对孟子说："我费心尽力治国，又爱护百姓，却不见百姓增多，这是什么原因呢？"

孟子回答说："让我拿打仗作个比喻吧！双方军队在战场上相遇，免不了要进行一场厮杀。厮杀结果，打败的一方免不了会弃盔丢甲，飞奔逃命。假如一个兵士跑得慢，只跑了五十步，却去嘲笑跑了一百步的兵士是'贪生怕死'。"

孟子讲完故事，问梁惠王："这对不对？"梁惠王立即说："当然不对！"孟子说："你虽然爱百姓，可你喜欢打仗，百姓就要遭殃。这与五十步同样道理。"

后来人们用"五十步笑百步"来比喻那些以小败嘲笑大败的人，又用它来比喻程度不同，但本质相同的做法。

讨论交流

1. "性善论"与"性恶论"区别是什么？作为一名高三的学生，请你注意观察身边的现象，说说你赞成哪一种观点。

2. "言必行，行必果""纸上得来终觉浅，绝知此事要躬行"，与荀子的"学至于行"的观点类似。根据你的经历，请与同学们一起交流一下你的理解。

拓展活动

"恻隐之心，人皆有之；羞恶之心，人皆有之；恭敬之心，人皆有之；是非之心，人皆有之。恻隐之心，仁也；羞恶之心，义也；恭敬之心，礼也；是非之心智也。仁义礼智，非由外铄我也，我固有之也，弗思耳矣。故曰：'求则

得之，舍则失之。'"——《孟子·告子上》

"不闻不若闻之，闻之不若见之，见之不若知之，知之不若行之。学至于行之而止矣。行之，明也。明之为圣人。圣人也者，本仁义，当是非，齐言行，不失毫厘，无它道焉，已乎行之矣。"——《荀子·儒效》

第一段文字是孟子"性善论"中的"四端"说，第二段文字是荀子的"学至于行"的认识论思想，请同学们利用课余时间认真阅读《孟子》《荀子》两书，收集相关语段，领悟其思想理念。

参考资料：

1. 《齐文化简论》 宋玉顺主编 中国文史出版社

2. 《齐都名人》 解维俊主编 百花文艺出版社

3. 《齐文化通论》 宣兆琦 李金海主编 新华出版社

4. 《齐文化大观》 李新泰主编 中共中央党校出版社

5. 《齐文化成语千句文》 王本昌、王海青主编，中国国际广播出版社

6. 李兆森：《齐国音乐史话》 《管子学刊》1987 年创刊号

7. 梁李婷：《乐舞〈韶〉研究》 2011 年山东师范大学硕士学位论文

8. 张越、张要登：《齐国音乐艺术赏析》《东岳论丛》 2011 年第 9 期

9. 王洲明、王培元著：《齐文学艺术史》

10. 李新泰主编：《齐文化大观》 中共中央党校出版社 1992 年版

11. 百度百科网站：http://baike.baidu.com/

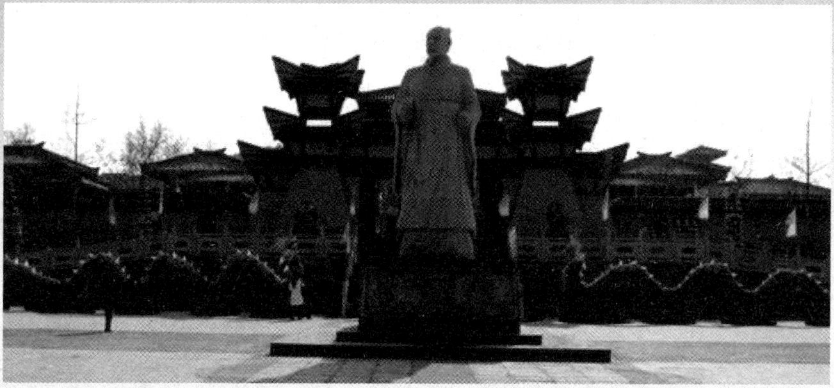

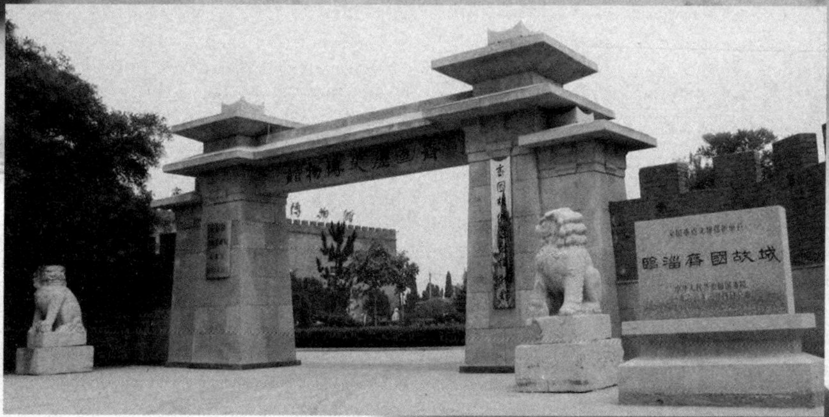
臨淄齊國故城

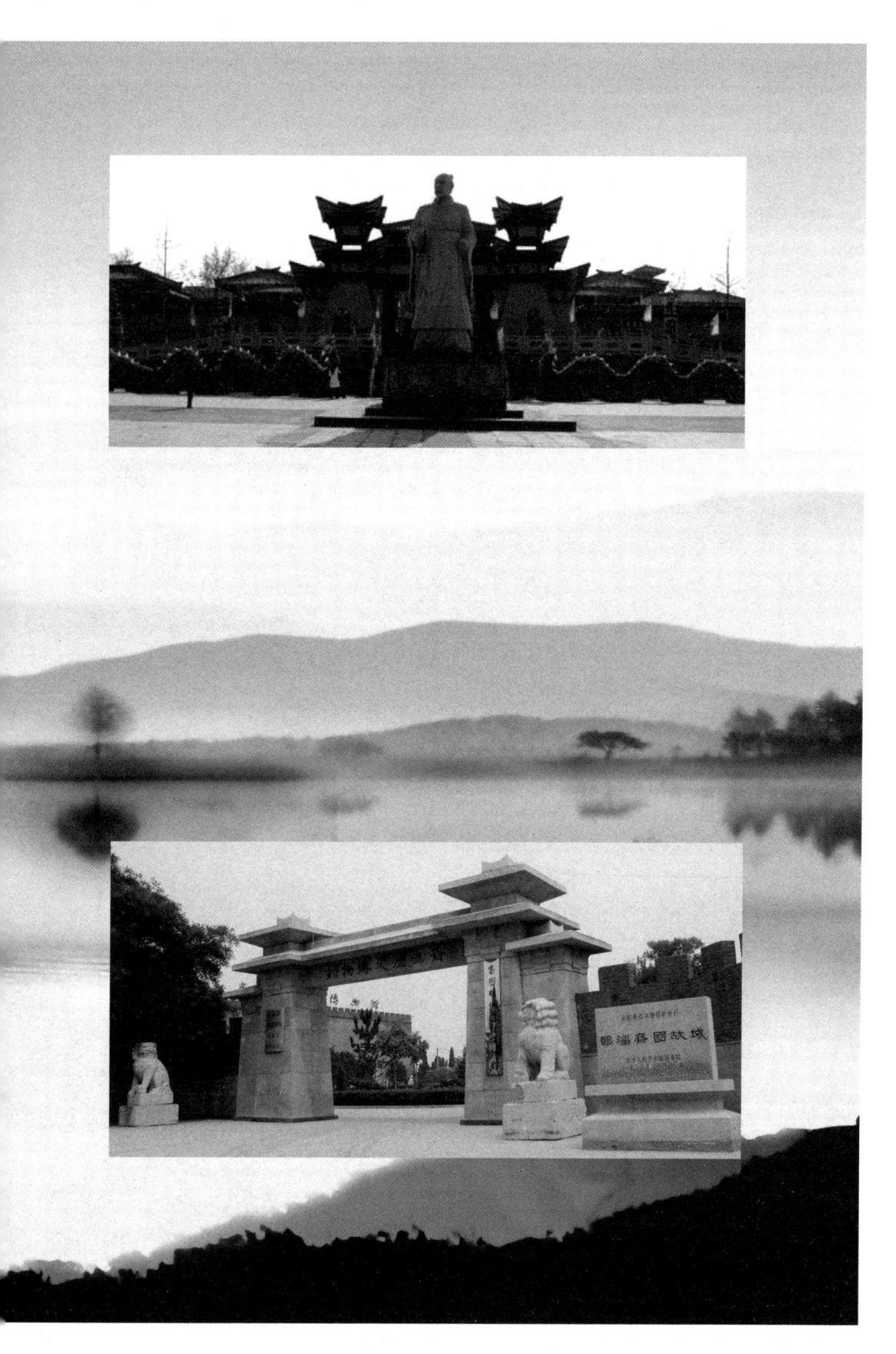

第五单元 齐科学

齐地物华天宝，资源丰富；齐人钟灵毓秀，锐意进取。在这片充满智慧和创造性的土地上，齐人创造了辉煌灿烂的科技成就，在中国古代的科技发展史上，书写了绚丽夺目的篇章。

众所周知，古代手工业与科学技术是互为依存，紧密联系在一起的。齐国作为当时的经济大国，也是当时的手工业制作中心，有着在当时的历史条件下，最为齐全的手工业体系和最为发达的手工业工艺技术，手工业成就非凡，诞生了我国古代第一部记录手工业技术的著作《考工记》。

同时，在医学和天文学方面，也是英才辈出，取得了足以傲视天下的成就。涌现出了中医史上赫赫有名的齐医学派，有号称"中医鼻祖"的扁鹊，有中国乃至世界上病历首创者淳于意；天文学方面也是成就非凡，出现了世界上最早的甘德恒星表，在节气制定、天象观测研究上，都取得了重大的成就。

让我们走进那段古老的历史，重温齐人在科技领域里的英姿与神采，铭记源远流长的齐文化科学成就。本单元着重从工艺学、医学、天文学三个方面进行阐述。

第19课　工艺学

　　齐国地处山东半岛特殊的地理环境，矿产资源丰富，有着发展工商业的天然条件，所以，齐国从姜太公被封到齐地开始，一直到后来的齐桓公，再到田齐的齐威王、齐宣王等历代国君，都十分重视发展工商业。因此，齐国拥有了当时最为发达的手工业技术，齐国都城临淄，也成为当时的手工业制造中心。

　　齐全的工艺门类　春秋时期，纺织业已经成为齐国的主要经济部门之一；临淄的冶铜技术也得到了长足的发展，到战国时期，冶铜作坊规模已经很大，青铜器产品种类多，今天考古发现了很多齐国战国时期生产的青铜珍品；史籍中记载齐桓公时期，已经大量使用铁制农具，可见冶铁技术已经非常发达；齐国的制陶作坊分布范围广，从业者甚多；与商品经济发展相适应；春秋战国时期，齐国的刀币铸造技术已经十分发达；齐国的制车技术，从现今考古发掘看，也发展到了很高的水平。《考工记》中所列技术门类达到三十种，可见春秋战国时期，齐国手工业工艺门类已经是相当齐全的了。

知识链接

　　1982年，在齐故城南商王庄出土了金银错镶嵌战国铜牺尊，该尊长46厘米，高28.3厘米，重6.5公斤，仿牛形，昂首竖耳，偶蹄，由头顶、体、盖分铸而成。首体接合处，合缝痕被项圈巧妙遮掩，项圈宽1厘米，嵌16枚椭圆形银珠（失10枚），凸起如铃。口角左右错银丝两道，各嵌8枚银质星点，以示胡须，头顶及双目间至鼻梁上端镶嵌绿松石，眼球里是墨晶石，眼上眉毛是各嵌7枚长方形绿松石块。牛背上有一盖，盖为一个扁嘴长颈禽，禽颈反折，嘴紧贴背上，巧成半环形盖钮。两翅平展，羽翎均以绿松石铺填。通体以粗细相间的金、银丝嵌饰的几何云纹。而这件金银错镶嵌战国铜牺尊是新中国成立以来出土的几件战国镶嵌牺尊中的上乘之作,被称为"国宝"是当之无愧的。

《考工记》关于技术门类统计:"凡攻木之工七,攻金之工六,攻皮之工五,设色之工五,刮摩之工五,搏埴之工二。攻木之工:轮、舆、弓、庐、匠、车、梓;攻金之工:筑、冶、凫、栗、段、桃;攻皮之工:函、鲍、韗、韦、裘;设色之工:画、缋、锺、筐、幌;刮摩之工:玉、楖、雕、矢、磬;搏埴之工:陶、瓬。"

传世国宝牺尊

发达的工艺技术 齐国的手工业不仅是门类齐全,工艺技术也非常发达。

从史籍及考古资料看,齐国当时的丝织技术已经发展到了非常高超的水平,齐国的丝织品不仅种类繁多,有罗、帛、绫、绢、纨、缟、锦等,而且做工精细、质量上乘;同时,齐国的染织业也已经非常发达,能把丝织品染成五颜六色。齐国的丝织品声名远扬,出现了"齐冠带衣履天下"的现象,临淄也成为我国最早的丝织业中心。

到春秋战国时期,齐国已经成为列国的冶炼中心,冶炼技术非常发达,已经掌握了青铜合金成分、性能与功能的关系,以及铜锡比例,通过精确控制铜、锡、铅的比例,来铸造不同的器物。《考工记·攻金之工》就记载了冶炼青铜的六种铜锡配方。到战国时期,齐国都城临淄已经成为当时重要的冶铁基地之一,现今出土的许多生铁铸件表明,当时显然已经采用了鼓风竖炉炼铁,这种技术,使得炉内燃烧强度更高,铁的渗碳速度加快。

齐国的制陶技术,也得到了很大的发展,技术更加完善,是当时列国中技术最高的国家之一。除了生产一般实用的陶器,齐国也生产钱范,还制作陶俑和建筑用的瓦当,特别是齐瓦当很有特色,纹饰以树木纹为主导，布局一般是树木纹居当面中间，两边则多配以对称的双兽纹或双禽纹，在春秋战国时期与燕瓦当、秦瓦当并列，为我国先秦三大瓦当之一，被列为临淄齐文化十大文物之一，这也可算作是齐国制陶技术非常发达的佐证。

齐国临淄故城的考古中，先后多次出土过刀币模具，模具从材料分类，有砖、石、铜三种，砖类的最多，石类的较少，铜类的最为著名，也最为少见，因为铜类刀币模具，也成为范母，也就是模子的模子，是一种先进的叠铸技术，齐国故城就曾出土两件齐刀币铜模具。临淄是当时的冶炼中心，经济发达，城市非常繁华，所以说这种先进的叠铸技术产生在齐国也就不足为奇了。

知识链接

齐六字刀，临淄齐文化十大文物之一战国晚期齐国刀币，是中国最早的纪念币。正面有六字阳文篆书，一般译作"齐建邦䢍法化"（"䢍"字的左边为"立"、右边为"长"，读作"昌"）。"建邦"为"开国"、"复国"之意；"䢍"字，意为"繁荣昌盛、国家富强"。"法化"是"标准货币"的意思。

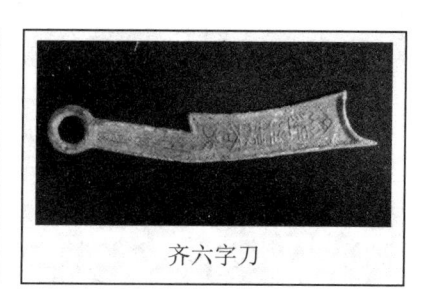

齐六字刀

齐国的制车技术也是相当发达的，从考古出土的情况看，主要分为三类：第一类，车舆为圆角横方形，舆中横轼，后面有门；第二类，车舆也为圆角横方形，后面有门，但舆比第一类大，舆中也没有横轼；第三类，车舆较大，无轼无门。

车马坑

1990 年在临淄齐故城隔淄河相望的齐陵镇后李官庄村发现春秋早期的两座车马坑。1 号殉车 10 辆，车分战车、辎重车两类，车辆有铜构件，马身、马头有铜、角、骨、贝质饰件，马饰精美，各具特色；2 号坑殉车 3 辆。后李官庄村春秋车马坑其规模之大、时代之早、配套之齐全、马饰之精美、保存之完好，在国内尚属少见，被评为 1990 年全国十大考古新发现之一。齐国号称"千乘之国"、"万乘之国"，这一重要的考古发现，充分证明了齐国发达的制车技术。

完善的管理机构和工艺标准　通观《考工记》，发现齐国当时已经实现了手工业生产专门化，各专业都有工官管理生产，工官称谓有"人"、"氏"、"师"，其中"人"、"氏"属于下级工官，直接管理器物制作的工匠；而"师"为高级工官，不仅有监督权，还有处罚权；另外"师"之上还有"司空"总领，为最高技术管理职务，这样的三级技术管理体制，可见其管理机构已经非常完善。

手工艺品的制作方面，已经实现了工艺上的标准化管理，统一产品部件名称用语；确立用料标准以及选材方法；制定产品设计标准和工艺规范；规定产品检验制度、检验标准；建立城邑营建制度；这些已经是具有现在国颁标准意味的生产工艺标准和制度。比如"栗氏为量"条对量器的熔炼工艺做了严格规定；车辆制作有"车有六等之数"的规定条目，对车轮尺寸规定了标准，车上辐条一般规定为三十根等。

汇总手工艺技术的著作《考工记》　《考工记》是齐国政府记录手工业技术的官书，是我国现存最早的手工业科技著作，其内容涉及木工、皮工、制陶、冶炼等 30 个工种，全面反映了当时的手工业技术成就。

《考工记》

《考工记》有以下几方面的特点：

所使用的语言有明显的齐地方言特点，反映出突出的齐地文化特色；表现出强烈的官方色彩，所记载的是官府手工业，而非民间手工业，书中内容反映出当时的手工业生产已经有严密的组织和管理；其内容也多是具有制度性的生产操作规程和技术规范，而非一般生产技术资料汇编；更重要的是表明，当时已经形成了从选材、原料标准到设计标准、制作工艺，以及检查检验标准的一整套比较完备的技术管理制度。

齐手工业历史源远流长，门类齐全，工艺水平发达，工艺标准完善，使得齐国成为当时的手工业制作中心，齐国都城临淄，也成为当时乃至以后相当长一段历史时期内天下最为繁华的大都市。

讨论交流

1. 史料记载，姜太公因首功被封到齐地建国时，齐国不过方圆百里之地，地狭人稀土壤碱化，不利于农作物生长。结合你所了解的齐国的地理环境和自然资源状况，谈谈姜太公为什么制定优先发展工商业的基本国策？齐国有哪些发展工商业的优势条件？

2. 《考工记》的主要内容就是制定了齐国手工业生产的技术标准；今天市场经济条件下，生产工艺标准化、管理标准认证，都已经被企业广泛采用。请你结合自己所了解到的知识，从不同方面，谈谈你对标准化生产及管理标准认证的必要性。

拓展活动

你对临淄齐文化十大文物的了解有哪些呢？利用网络搜集一下有关的知识；抽时间去齐国历史博物馆实地参观一下，看看里面珍藏有哪些非常能代表齐文化发展水平的历史文物？结合课文和所了解的文物知识，谈谈自己对齐国手工业技术水平的认识。

中华传统文化

第20课　医　学

春秋战国时期，齐国的医学经历了长期的积累，已经达到了相当高的水平，诞生了以临淄为中心区域、以阴阳五行学说为理论基础、以扁鹊为核心的医学群体，历史上把这个群体以及后世对这个群体的继承者称为齐派医学。代表人物有战国时期的扁鹊和西汉前期的淳于意。

齐派医学的开创——神医扁鹊与其医学成就

扁鹊，战国时著名医学家。姓秦，名越人，齐国卢（今山东长清县）人，被誉为"中医鼻祖"，齐派医学的创始人。因他医术高超，所以当时的人们借用了上古神话的黄帝时神医"扁鹊"的名号来称呼他；历史上也因此留下了很多关于扁鹊给人治病的传说和故事。

扁鹊治病

故事链接

扁鹊救虢太子

有一次，扁鹊路过虢国，见到那里的百姓都在进行祈福消灾的仪式，就问是谁病了，宫中术士说，太子死了已有半日了。扁鹊问明了详细情况，认为太子患的只是一种突然昏倒不省人事的"尸厥"症，鼻息微弱，像死去一样，便亲去察看诊治。他让弟子磨研针石，刺百会穴，又做了药力能入体五分的熨药，用八减方的药混合使用之后，太子竟然坐了起来，和常人无异。继续调补阴阳，两天以后，太子完全恢复了健康。从此，天下人传言扁鹊能"起死回生"，但扁鹊却否认说，他并不能救活死人，只不过能把应当活的人的病治愈罢了。

扁鹊少时跟长桑君学习医术，学成之后周游各国，为各国君侯治病，也为百姓除疾，济世救人。东起齐鲁，中经东周、赵国，西到秦国，都留下了他行医的足迹。由于扁鹊的医术十分全面，无所不通，深得百姓崇敬和信赖，因此名扬天下。扁鹊对医学的贡献主要有六个方面：

第一，扁鹊开创了医学教育的先河。他亲授的弟子很多，著名的有子阳、子豹、子同、子明、子游、子仪、子越等，由此形成了一个以扁鹊为核心的齐派医学群体。

第二，扁鹊提出了"六不治"原则，明确把"相信巫术不相信医道"的人作为不治之一，在中国医学发展史上，扁鹊第一次明确反对鬼神治病和荒诞巫术，第一次把医学从巫术中解放了出来。

第三，扁鹊还能根据当地的需要，随俗为变地开展医疗活动。当他游历到秦国时，就专治小儿疾病；当他云游到赵国都城邯郸时，又主要诊视妇科病证；而当他到雒阳（当时是周国的首都）时，便主要从事老年人病证的治疗，多医治耳、眼等五官病证。

第四，扁鹊创造了中医临床上的望、闻、问、切的诊断方法，奠定了中医临床诊断和治疗方法的基础；精于内、外、妇、儿、五官等科，熟练掌握了砭刺、针灸、按摩、汤液、热熨等法治疗疾病，被尊为"医祖"。

第五，给后世留下了唯一流传下来的医学著作——《难经》。在自己的专著《难经》中，他提出的对脉诊"独取寸口"之说、"三焦有名而无形"之说、"命门"之说，都在中医理论史上具有开创性意义，对后世影响深远。

《难经》

第六，扁鹊十分重视疾病的预防，提出了防病为主的主张，他认为对于疾病，要做到早发现、早治疗，有防病于未然的思想。他认为只要把疾病消灭在初起阶段，是完全可以治好的，这样的思想主张，在今天仍然具有非常重大的影响。

故事链接

魏文王曾求教于名医扁鹊:"你们家兄弟三人,都精于医术,谁是医术最好的呢?"扁鹊:"大哥最好,二哥差些,我是三人中最差的一个。"魏王请他介绍得详细些。扁鹊解释说:"大哥治病,是在病情发作之前,那时候病人自己还不觉得有病,使他的医术难以被人认可,所以没有名气,只是在我们家中被推崇备至。我的二哥治病,是在病初起之时,症状尚不十分明显,病人也没有觉得痛苦,二哥就能药到病除,使乡里人都认为二哥只是治小病很灵。我治病,都是在病情十分严重之时,病人痛苦万分,病人家属心急如焚。此时,我在经脉上穿刺,用针放血,或在患处敷以毒药以毒攻毒,或动大手术直指病灶,使重病病人病情得到缓解或被很快治愈,所以我名闻天下。"魏王大悟。

齐医学的发展——淳于意与《诊籍》 扁鹊之后,齐派医学继续发展,到西汉时期,又出现了另一代表人物淳于意(约公元前215年—约公元前140年)。他是西汉时期临淄人,因曾在齐都临淄担任过管理粮仓的"太仓长",所以人们叫他"太仓公"或"仓公"。今临淄区皇城镇石槽村的鄎(xī)台,传说是西汉时期齐国的粮仓,为淳于意为官之地。

淳于意青年时期,先后拜公孙光和公乘阳庆为师,向他们学习医术。他品行高尚,医术精湛,进一步发展了扁鹊的脉诊学,对针灸、药理也有很高的造诣,后来成为与张仲景、华佗并称的汉代三大医学家之一。

淳于意在医学上的最大贡献,是首创了中国乃至世界医学史上第一部病历集——《诊籍》。在长期的行医实践中,他将患者的籍贯、姓名、职业、病名、病因、病性、诊断、治疗和愈后的情况都一

淳于意

一记录下来,最后把这些病历装订成册,整理成集子,起名叫"诊籍"。

他在《诊籍》中记录的病历,创造了多个全国之最。如他最早提出龋齿的病因与饭后不漱口有关;首提饮酒致泄的病机;记载了第一例忧思致病的案例;最早记录了有关"络脉"病变的医案;首提物理降温法;率先使用苦参汤漱口清热;首创用芫花煎汤治蛲虫病等。

淳于意的另一大贡献就是同扁鹊一样,也极为重视并致力于中医人才的培养。他收宋邑、冯信、唐安、高期、王禹、杜信、宦者平等为徒,悉心传授自己的医术,使这些人很快成长起来,成为一方名医。他是西汉收徒最多的名医之一,其中有名望、有成就的弟子就有十余位。

《管子》中的医学思想　　成书于战国时代的《管子》是先秦重要的典籍之一,其内容丰富,博大精深,也蕴涵了丰富的医学思想和养生知识。

1. **精气生命观**　《管子·内业》篇提出,精气是构成人体生命的基本要素,人体的生命是由精气与肉体共同构成的,只有把肉体与精气结合起来,和谐地统一为一体,人才具有生命;对于人体生命来说,人失去精气便死,获得精气便生;人失去精气就会得病,这就是"乱",获得精气就能身体健康,这就是"治"。

2. **五行脏腑观**　《管子》吸取了以往阴阳说与五行说的基本思想,将二者有机地融为一体,建立了完整的阴阳五行说体系;并运用阴阳五行理论将人体脏器分为五类——脾、肝、心、肾、肺,以与木、火、土、金、水五行相配合,形成了初步的五行脏腑观理论。这些说法后来被《黄帝内经》吸取,并用以阐释人体的生理、病理等医学问题,形成了中医学的五行脏腑观。

3. **养生知识**　《管子》里认为要知道如何养生,首先就要了解自己的身体情况,这是养生的基本原则。不仅如此,《管子》也提出了一些具体的可操作的养生方法,大致可以归结为以下几个方面:第一,

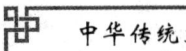

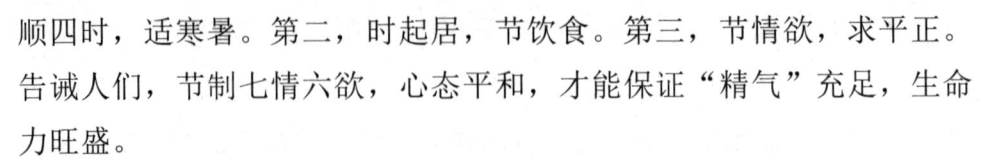

顺四时，适寒暑。第二，时起居，节饮食。第三，节情欲，求平正。告诫人们，节制七情六欲，心态平和，才能保证"精气"充足，生命力旺盛。

《管子》的养生思想和养生方法，也是非常符合现代医学理论和养生之道的，所以说，《管子》也给我们留下了丰富的医学知识。

扁鹊、淳于意，这样在中医学发展史上流芳百世的神医、名医，《管子》中丰富的医学知识，还有许多后来被收入《黄帝内经》《黄帝外经》《扁鹊内经》《扁鹊外经》等医学典籍中的战国、西汉时期的齐派医学留给我们的丰富的医学著作，这些都对中医学后来的发展，产生了重大的影响；这是齐国、齐文化留给中华民族的丰富的医学宝藏。

讨论交流

1. 下列是《管子》里面有关"精气生命观"的部分引文：

"凡人之生也，天出其精，地出其形，合此以为人；和乃生，不和不生。"

精气"不见其形，不闻其声"，"在天地之间也，其大无外，其小无内"，"失之必乱，得之必治"，"不治必乱，乱乃死"。

你能利用所学的文言文知识，并跟同学互相交流，弄清楚这些引文的含义吗？

2. 今天，人们已经普遍意识到了锻炼身体、预防疾病的重要性，也非常重视饮食卫生，更加注重养生习惯。请同学们上网搜索更多的知识与信息，同时关注自己及周围同学的生活习惯，谈谈自己对于改善生活习惯、锻炼身体、预防疾病的看法。

拓展活动

在《史记·扁鹊仓公列传》中，司马迁选录了《诊籍》中的25个病。这25个病历，涉及消化、泌尿、呼吸、心血管等十余科类；涉及的病因有感受寒湿、饮酒与房事不节、情志所伤等约9种；治病方法有针灸、药物、食疗等；涉及的方药有下气汤、火剂汤、苦参汤、半夏丸等十余种。

你认为病历在医学上有什么作用？

第21课　天文学

从考古资料以及现存历史资料看，随着原始农业的产生和发展，齐地的先人很早就初步掌握了季节的概念，有了自己的历法。到春秋战国时期，齐国的天文学有了飞跃性的发展，在节气制定、天象观测研究上，都取得了一些重大的成就。

齐国的三十节气　《管子·幼官》篇中，记录了齐国地区使用的三十节气的历法——一种按12天为一节，一年360天（不计闰）分为30节的节气安排。

知识链接

《管子·幼官》三十节气其顺序依次为：地气发、小卯、天气下、义气至、清明、始卯、中卯、下卯、小郢、绝气下、中郢、中绝、大暑至、中暑、小暑终、期风至、小酉、白露下、复理、始前、始酉、中酉、下酉、始寒、小榆、中榆、中寒、寒至、大寒之阴、大寒终。

大家认真阅读上面的"知识链接"文字，请问：你能找出三十节气中，对应二十四节气的"立春"、"立夏"、"立秋"、"立冬"的是哪四个节气吗？

三十节气具有以下特点：

第一，它的四季是以"地气发"、"小郢"、"期风至"、"始寒"为起点，相当于二十四节气中的"四立"（立春、立夏、立秋、立冬）；以"清明"、"大暑至"、"始前"、"寒至"为中点相当于二十四节气中的"二分二至"（春分、夏至、秋分、冬至）。

第二，这些节气的定名法，主要是根据表示阴阳消长的各种"气"来命名，很少根据具体的物候（白露下除外）来命名，这与二十四节气很不一样。

第三，它的四季中，春季和秋季长，各有 8 个节气，分别是 96 天；夏季跟冬季短，各有 7 个节气，分别是 74 天。这与二十四节气中春夏秋冬分别有 6 个节气，长短基本一致，也不一样。

三十节气的产生并在齐国流行，是因为它有利于当时齐国农业的发展。齐国濒临大海，受海洋影响，冬夏寒暑温差程度较其余远离海洋的诸侯国更为缓和，三十节气的季节划分，春秋长，冬夏短，正反映了齐国的气候特点。

所以说，虽然三十节气划分有些缺点，后来不再使用，但从历史发展的角度，我们应该看到三十节气当年在齐国实行时所起的积极作用，也应该赋予它在中国科学发展史上的所应有的地位。

《考工记》中的天文学知识　《考工记》虽然是一部手工业技术著作，但在其有关制车的篇章中，却记录了有关五象与二十八星宿的知识，这对研究先秦时期的天文学具有重要的史学价值。

知识链接

《考工记·辀①人》："轸之方也，以象地也。盖之圜也，以象天也。轮辐三十，以象日月也。盖弓二十有八，以象星也。龙旂②九斿③，以象大火也；鸟旟④七斿，以象鹑火也；熊旗六斿，以象伐也；龟蛇四斿，以象营室⑤也；弧旌枉矢，以象弧也。"

同学们，你能大体上看出上面这段文字的含义吗？

注释：

①辀（zhōu），车辕。②旂（qí），一种旗子。③斿（yóu），旗子上的飘带。④旟（yú），军旗。⑤营室，星宿名称。

先秦之时，人们在描述天地形状时，常作形象的比喻——"天圆象车盖，地方如棋局"，这也就是最早的天圆地方观念。这种观念对应在古车构造上，则车厢上面的圆盖就如同浑圆的苍穹，而车厢底座为方形，又在人们脚下，正合于天圆地方观念。

《考工记》所记轮辐为三十根，恰巧符合一个太阳月的日数，每一个朔望月二十九天半，此处所用为概数。从目前齐地的古车看，不少车的轮辐是三十根，说明《考工记》的记载是合乎事实的。

《輈人》篇目中，已经明确说出了星宿总数是"二十有八"，说明齐国那个时候，已经有了二十八星宿的划分；而其中说的车上的五种旗子，每一种又对应着一个星宿：龙旗——大火，鸟旗——鹑火，熊旗——伐，龟旗——营室，弧旗——弧。这一说法正反映了古代天文学中的五象观念，五象对应于春、夏、季夏、秋、冬五季，我们现在的历法里面是分为春、夏、秋、冬四季，季夏应该是介于夏秋之间的一个阶段。

古代天文学的先驱——甘德　同学们一定还记得初中历史书上介绍我国古代天文学成就时，有一部著名的天文学著作——《甘石星经》吧，其中的甘就是指著名天文学家甘德。甘德是战国时期齐国著名的天文学家，中国天文学的先驱之一。从现有的古书记录看，他应该大约是生活在公元前四世纪的齐威王、齐宣王时期。

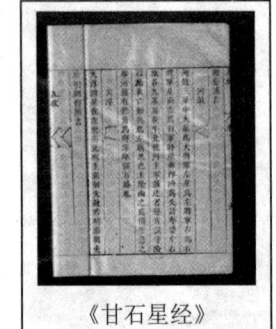

历史上将甘德与另一位著名天文学家石申相提并论，并将二人的著作合称为《甘石星经》。《甘石星经》是世界上最早的天文学著作之一。

根据《隋书·经籍志》记载，甘德的天文学著作有《天文星占》八卷，《甘氏星经》一卷，可惜这些著

作多已失传，今天只能从唐代天文学著作《开元占经》中见到一些片断。后代所传的已不是原文，历代屡有纂改增删。

甘德在天文学的贡献有以下几个方面：

建立了全天恒星区划命名系统，其方法是依次给出某星官的名称与星数，再指出该星官与另一星官的相对位置，从而对全天恒星的分布、位置等予以定性的描述。三国时陈卓总结甘德、石申和巫咸三家的星位图表，得到我国古代经典的283星官1464星的星官系统，其中取用甘氏星官者146座（包括28宿在内），可见甘德对全天恒星区划命名的工作对后世产生了很大的影响。甘德在没有精密仪器可用，基本上仅肉眼观测的情况下，有如此发现，已经是够惊人的了。据说，甘德制作的恒星表是世界上最古老的恒星表。

对行星运动的研究也取得了划时代的成就，尤其对金、木、水、火、土五星的运行，有独到的发现。甘德推算出木星的回合周期为400天整，比准确数值398.88天差1.12天；还认识到木星运动有快有慢，经常偏离黄道南北，代表了战国时代木星研究的先进水平；甘德推算出水星的回合周期是136日，比实际数值115日误差了21日，这个误差虽大，但甘德初步认识了水星运动的状态和见伏行程的四个阶段，说明甘德已基本掌握了水星的运行规律。甘德还首先发现了火星的逆行现象，推算出火星行度周期为410度780日，接近于实际日期。

发现木卫二。甘德对木星的观测尤为精细，是研究木星的专家，著有关于木星的专著《岁星经》。依据《开元占经》引录甘德论及木星时所说的话——"若有小赤星附于其侧"，著名天文学史专家席泽宗先生指出：甘德在公元前四世纪中叶就观测到了木星最亮的卫星木卫二。望远镜发明之后意大利大科学家伽利略于1610年用它观测木星时才发现了木卫二。甘德早伽利略近两千年，而且在没有望远镜的条件下，仅凭肉眼就发现了木星的卫星，这真是一个奇迹。

三十节气、五象与二十八星宿的知识，更有甘德这样的名垂青史的著名的天文学家甘德，齐国、齐文化在天文学方面所取得的这些成就，今天生活在临淄这片古齐大地上的每一个人，难道不应为之感到骄傲和自豪吗？

讨论交流

1. 你能按照顺序说出今天使用的二十四节气的名称吗？结合自己所了解的生活常识和所学的文言文知识，想想"立春"、"立夏"等节气里面的"立"是什么意思？"夏至"、"冬至"两个节气里面的"至"又是什么意思呢？

2. 请结合自己所学的地理知识，说出太阳系里九大行星的名字，并交流一下，其中最大和最小的各是哪颗行星？离地球最近和最远的行星又各是哪颗行星？

拓展活动

先看下面的材料：小行星是目前各类天体中唯一可以由发现者进行命名并得到世界公认的天体，发现者拥有对小行星的命名权。1928年冬，留学美国芝加哥大学天文系的张钰哲发现了一颗旧星空图上没有的小行星。他经过大量准确的计算，并通过权威的小行星中心站鉴定，最后证实：他发现了一颗从未被人发现的小行星。张钰哲成为第一个发现小行星的中国人。按惯例，发现人自己可以给这颗小行星命名。张钰哲面对自己的成功，想到的是祖国当时正受帝国主义列强的侵略和欺凌，要为中华民族争光，于是毅然决定以"中华"来命名这颗小行星。这颗小行星的国际编号是"1125"，这是第一颗由中国人命名的小行星。

请大家利用网络信息，上网搜集材料，了解一下用中国人的名字命名的小行星有哪些？用中国古代的科学家名字命名的又有几颗？

参考文献

1. 网上淄博：《传世国宝牺尊》（来自网络）

2. 华夏经纬网：《临淄齐文化十大文物》（来自网络）

3. 王星光：《〈考工记〉与临淄齐国都城的相关探讨》（来自网络）

4. 《齐文化通论》宣兆琦、李金海主编

5. 《齐都临淄》宋玉顺、刘洪志主编

第六单元 齐文艺学

在中华民族的发展历史上,我们的先民们创造了灿烂的古代文化。这个文化,从它发展的初期开始,就不是单一文化单元的扩充和提高,而是多元文化的影响和融合。我国民族文化的发展过程,就是不断吸收、融合、丰富和提高的过程。在先秦时期,这种融合、交流主要表现为地域文化之间的相互影响和吸收。

齐文学艺术是齐文化的重要组成部分。

同任何国家和地区的文学艺术一样,齐文学艺术起源于齐地先民们的社会生产劳动和生活。在劳动中,他们感受着劳动的快乐与艰辛,观察着自然的变幻莫测和广袤远大,他们用自己最原始的手段和幼稚的思维,将这一切反映出来,以表达他们的感情、希望和对自然界的解释。然而由于当时尚未产生文字,所以其文学只能靠口耳相传,于是,就产生了原始的歌、舞与神话。这是齐文学艺术的滥觞期。进入文明社会以后,齐文学艺术经过三代和春秋的漫长发展,至战国时期,出现了空前的繁荣。本单元着重从神话、诗歌、传记、散文、音乐五个方面进行论述。

第22课　神　话

　　齐地神话源远流长，东夷先民们很早就在齐地繁衍生息，并以其高度的智慧、大胆的想象创造了丰富优美、色彩绚丽的史前神话。流传于齐地的神话从内容上分主要包括解释自然的神话、征服自然的神话、带有阶级色彩的神话三类。

　　解释自然的神话　众所周知，齐地处于我国的东部而濒临浩渺无际的大海，海上日出，气势磅礴，给先民们留下了极深的印象。面对茫茫大海，齐地先民们感到奇怪的是：海水为什么不盈不虚？朝阳为什么自海上升起？……太阳与大海，无论是赐福，还是降祸，它们都不会征求人类的意见，完全是我行我素。于是，先民们对它们的巨大威力感到无比的敬畏，继之敬畏产生了无限的崇拜，再继之崇拜产生了许许多多关于太阳和大海的神话。下面的记载就是他们对这些自然现象的解释。

　　海水为什么不盈不虚呢？齐人认为大海有溶水的"归墟"和泄水的"尾闾"。《列子·汤问》说："渤海之东，不知几亿万里，有大壑焉，实惟无底之谷，其下无底，名曰归墟。八纮九野之水，天汉之流，莫不注之，而无增无减焉。"《庄子·秋水》说："天下之水，莫大于海。万川归之，不知何时止而不盈；尾闾泄之，不知何时已而不虚。"

　　这些解释，美妙奇特，多说并存，都是在幻想中不自觉地艺术加工。

　　太阳是怎么产生的呢？它又是怎样运行于天的呢？

　　《山海经·大荒南经》说："羲和者，帝俊之妻，生十日。"

羲和

《淮南子·天文训》说："日出于旸谷，浴于咸池，拂于扶桑，是谓晨明。登于扶桑，爰始将行，是谓朏明。……爰止羲和，爰息六螭，是谓悬车。"

《初学记·日第二》引高诱注云："日乘车驾以六龙，羲和御之。"

意思是说，太阳从旸谷起来后，便到咸池洗澡。晨明时，坐上母亲羲和驾御的六龙大车从扶桑出发西行，晚上再回到旸谷。它们的活动有组织，有领导，分工合作，劳逸结合，保质保量完成任务。这套神话，想象得既美妙奇特，又周到严密，艺术性更高。

征服自然的神话 大海虽好，但它有时会夺走人民的生命；太阳虽好，但它有时会给人民造成干旱。先民们不甘心忍受这些灾难，于是产生了征服大海和太阳的幻想，其中比较著名的就是精卫填海的神话。

《山海经·北山经》："发鸠之山，其上多柘木。有鸟焉，其状如乌，文首，白喙，赤足，名曰'精卫'……是炎帝之少女，名曰女娃。女娃东游于东海，溺而不返，故为精卫。常衔西山之木石，以堙于东海。"

精卫填海的神话，应该产生在齐国的东海之滨。精卫生前是炎帝少女，死后变为冤禽。它虽然远居西山，力量微弱，但复仇的决心，使它经常口衔木石，填塞东海。它反映了齐人不畏自然和征服、改造自然的坚强意志和奋斗精神。

精卫填海

带有阶级色彩的神话 进入阶级社会以后，神话都打上了阶级的烙印。如出自《淮南子·本经训》中的"后羿射日"的神话，说羿射日除害，是为尧所使；尧因为用人得当，民受其福，被推选为天子，已经带有阶级社会的色彩。

故事链接

搜神记卷四

【原文】

文王以太公望为灌坛令,期年,风不鸣条。文王梦一妇人,甚丽,当道而哭。问其故。曰:"吾泰山之女,嫁为东海妇,欲归,今为灌坛令当道有德,废我行;我行,必有大风疾雨,大风疾雨,是毁其德也。"文王觉,召太公问之。是日果有疾雨暴风,从太公邑外而过。文王乃拜太公为大司马①。

【注释】①大司马:官名。

【译文】周文王任命太公望做灌坛令,一周年,风调雨顺。文王梦见一个女人,长得很美丽,在路中间啼哭,问她为什么哭。她说:"我是泰山神的女儿,嫁给东海神做妻子。现在要出嫁,因为灌坛令当政而有德政,使我不能过去;我走动必定有疾风暴雨,疾风暴雨是会损坏他的德政的。"文王梦醒,召太公望来询问这件事。这一天果然有疾风暴雨从太公望的灌坛邑外边经过。文王于是拜太公望为大司马。

灌坛在泰山、东海之间,正是齐地;文王时的太公望,正是后来的齐君之先。它歌颂了姜尚的德政,也宣扬了天人感应的唯心思想,正是阶级社会产生的神话。

齐地神话的特征和意义 齐地产生、流传的优美动人的神话是我国乃至世界文学艺术上一朵色彩艳丽的奇葩,与世界其他民族——尤其是古希腊神话相比,齐地神话有着凌乱而不成体系及明显的道德崇拜的特征;但也有与其相似或相通之处,如人类发轫期对征服险恶自然环境所需的"力"的崇拜,以及追求个人的个性、情感的满足等。齐地神话对后世产生了深远影响。

齐地神话对后世的影响主要在于弥漫其中的那种鼓舞、震撼人心的精神力量,那是原始先民们在同大自然恶劣环境作持久的斗争过程中所

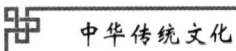

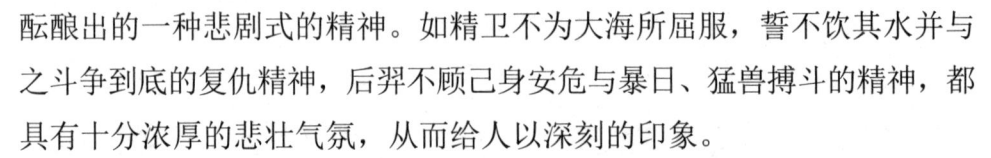

酝酿出的一种悲剧式的精神。如精卫不为大海所屈服，誓不饮其水并与之斗争到底的复仇精神，后羿不顾己身安危与暴日、猛兽搏斗的精神，都具有十分浓厚的悲壮气氛，从而给人以深刻的印象。

齐地神话悲剧中的原始意象积淀在民族意识的深层，对民族文化心理产生了深刻影响。其中知其不可为而为之的悲壮精神，宁死不屈的抗争精神，自强不息的进取精神，教育、熏陶了一代又一代人为了理想而奋斗不息。

齐地神话中为了天下利益而自我牺牲之济世美德同样对后世产生了极大影响。从儒家的"兼济天下"的政治思想及屈原"哀民生之多艰"的仰天长叹，从"亦余心之所善，虽九死其犹未悔"的不息追求，到杜甫"穷年忧黎元，叹息肠内热"的深切忧患，再到范仲淹的"先天下之忧而忧，后天下之乐而乐"的豪情壮志，以及无数英雄豪杰仗义行侠、除暴安良的壮举，我们可以清晰地看到，他们已把自身融入到为"天下"、为"社稷"、为"民众"的集体利益之中，形成一种崇高的济世美德为后世所推重。

讨论交流

1. 齐地神话共有哪几类？你最喜欢哪类的神话？原因是什么？请与同学们交流一下自己的看法吧。

2. 齐地神话悲剧中的原始意象积淀在民族意识的深层，对民族文化心理产生了深刻影响。其中知其不可而为之的悲壮精神，宁死不屈的抗争精神，自强不息的进取精神，教育、熏陶了一代又一代人为了理想而奋斗不息。在今天，特别是习主席提出了"中国梦"后，作为一名高三的学生，你会从齐地神话中汲取什么样的力量呢？请与同学们交流一下吧。

拓展活动

　　长太息以掩涕兮，哀民生之多艰；余虽好修姱以鞿羁兮，謇朝谇而夕替；既替余以蕙纕兮，又申之以揽茝；亦余心之所善兮，虽九死其尤未悔。——屈原《离骚》

　　不以物喜，不以己悲；居庙堂之高则忧其民；处江湖之远则忧其君。是进亦忧，退亦忧。然则何时而乐耶？其必曰"先天下之忧而忧，后天下之乐而乐"乎？噫！微斯人，吾谁与归？——范仲淹《岳阳楼记》

　　以上两段文字都让我们看到，齐地神话中为了天下利益而自我牺牲之济世美德同样对后世产生了极大影响。请同学们利用课下时间寻访身边的"感动临淄"的好人好事，并模仿"感动中国"的方式为其写颁奖词，体会其中所包含的济世美德。

第23课　诗　歌

齐国虽然历史悠久，但在《诗经·齐风》之前，见不到更早的文字记录的诗歌。现存最早的齐国诗歌是《诗经·齐风》11首。

《齐风》产生的时间　《齐风》在《国风》中位居第八，包括《鸡鸣》《还》《著》《东方之日》《东方未明》《南山》《甫田》《卢令》《蔽笱》《载驱》《猗嗟》等十一篇。其中根据《南山》《蔽笱》《载驱》《猗嗟》的内容可以断定，它们产生于襄公时；《鸡鸣》《还》产生于哀公时；《甫田》《卢令》根据《毛传》的序言可知产生于襄公时；其余三篇定为哀公时，是马瑞辰的盖然判断。姜齐荒淫的君主，前有哀公，后又襄公，因而《齐风》讽刺的矛头，集中在这两个时期。

《齐风》产生的地域　《齐风》十一篇中，点明地点的有四篇：《还》有三章提到了在临淄区南五十里的"猲山"，《南山》《毛传》说"齐南山也"，陈奂《诗毛氏传疏》说"齐南山即《孟子》之'牛山'"；说明这两篇产生在临淄附近。《蔽笱》三章都提到"齐子归止"，不管是出嫁还是归宁，都要经过齐鲁相通的大道，说明《蔽笱》产生在齐鲁途中。《载驱》三、四两章都提到"汶水"，它已经进入鲁地，说明《载驱》产生在齐国边境。总起来看，《齐风》主要产生在临淄及其周围地区。

《齐风》中的讽刺诗　讽谏是《诗经·齐风》的一大特色。齐国立国后，从姜尚开始，到桓管时代等，政治是比较开明的，能够体察民情、了解民俗，人们也能比较自由地表达自己的想法，所以齐国的讽谏诗自然会很多。在《齐风》十一首中就有四首属讽谏诗。

齐风·东方未明
东方未明，颠倒衣裳；颠之倒之，自公召之。
东方未晞，颠倒裳衣；倒之颠之，自公令之。

折柳樊圃，狂夫瞿瞿；不能辰夜，不夙则莫。

全诗通过两个细节，细致入微地刻画了一个奴隶慌乱无着和一个奴隶主专横凶暴的形象。第一个细节是前两章共同吟咏的内容：东方漆黑天未亮的时候，从奴隶主那里传来了命令，要他去当差、服役，于是这个奴隶急忙起身穿衣，慌乱之中把衣服都穿颠倒了。第二个细节是第三章的内容，作者选取了一个特有的劳动场面：折柳枝做园圃的篱笆，通过"狂夫瞿瞿"，奴隶主监工瞪眼怒视的形象，侧面揭示了奴隶们劳动的艰苦。诗人将这样两个细节结合起来，通过两个相反人物形象的刻画，既反映了沉重的劳役给人民带来的苦难，带来的生活的不安定，又揭露了统治者贪婪无道，不顾人民死活的凶残本质。

《齐风》中的《南山》《敝笱》《载驱》三首讽刺诗则是讽刺齐襄公和文姜的。齐襄公和文姜是同父异母的兄妹，二人通奸，后来文姜嫁给了鲁桓公，但兄妹二人仍然旧情不断。这三首诗从不同侧面谴责兄妹俩的无耻行为，揭露了统治者的荒淫生活。

知识链接

文姜（？—公元前673年），姜姓，名字不详，齐僖公之女，齐襄公异母妹，鲁桓公的夫人。与齐襄公乱伦被鲁桓公得知，齐襄公令彭生杀鲁桓公。以才华著称于当世，所以被称为"文"。

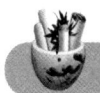

故事链接

【原诗】　　　　　　敝笱

敝笱（gǒu）在梁，其鱼鲂鳏。齐子归止，其从如云。

中华传统文化

敝笱在梁，其鱼鲂鳏（xù）。齐子归止，其从如雨。
敝笱在梁，其鱼唯唯。齐子归止，其从如水。

【何钊译】
破渔篓放在捕鱼的坝里，小鲂鱼大鳏鱼来来去去。
齐国的文姜嫁出去喽，她的随从像云一样。
破渔篓放在捕鱼的坝里，小鲂鱼大鲢鱼去去来来。
齐国的文姜嫁出去喽，她的随从像雨一样。
破渔篓放在捕鱼的坝里，鱼儿们来去自由自在。
齐国的文姜嫁出去喽，她的随从呀好比流水。

文姜

《齐风》中的婚恋诗 齐人对齐襄兄妹淫乱之事的讽刺，表现出春秋时代的齐人在婚姻问题上的道德标准。另外，齐人在两性关系上又确实比较开放，古籍中还有齐国多赘婿的记载。这正是《齐风》婚恋诗《鸡鸣》《著》《东方之日》《甫田》产生的文化土壤。

齐风·鸡鸣

鸡既鸣矣，朝既盈矣！匪鸡则鸣，苍蝇之声。
东方明矣，朝既昌矣。匪东方则明，月出之光。
虫飞薨薨，甘与子同梦。会且归矣，无庶予子憎。

静静的夜色，幽静的室内，一对年轻的恋人在甜蜜的幽会。这首诗语言率直清新，人物形象异常朴实明白，鲜明热烈，富于生活气息。无论是心中不安催促情人离去的女子，还是故意打岔、支吾搪塞不愿离去的男子，都写得妙趣横生，诙谐自然，性格鲜明，跃然纸上。由此诗即可推见当时齐地青年男女婚恋的自由。

《齐风·还》插图

《齐风》中的狩猎诗　《齐风》中有两首狩猎诗:《还》《卢令》。狩猎,在春秋时期不仅是统治者的一种娱乐,也是民众的一种劳动,因此,《诗经·国风》中有众多的狩猎诗。狩猎诗不仅是一种劳动生活的反映,更多的是一种尚武精神的体现。《齐风》中的狩猎诗就洋溢出齐国的尚武气息。

齐风·还
子之还兮,遭我乎峱之间兮。
并驱从两肩兮,揖我谓我儇兮。
子之茂兮,遭我乎峱之道兮。
并驱从两牡兮,揖我谓我好兮。
子之昌兮,遭我乎峱之阳兮。
并驱从两狼兮,揖我谓我臧兮。

这是一首对猎人的赞美诗。诗中用粗犷愉快的调子,描写了两个猎人共同狩猎,互相赞叹,表现了猎人的友谊和欢快之情,歌唱出齐国打猎的风尚和猎人的壮健美好的劳动生活。

《齐风》的风格特点和艺术成就　《齐风》的风格特点和艺术成就主要表现在以下几个方面:

第一,《齐风》具有舒缓优游的特点。班固谓《齐风》为"舒缓之体"的见解是深刻的。我们吟咏"子之还兮,遭我乎峱之间兮。并驱从两肩兮,揖我谓我儇兮"等,它们都多用虚词、语气词;突破四言,为杂言诗;采用铺陈的写法等,确实让我们感到在语言表达上所体现出来的舒缓特点。至于《著》诗,每句都有虚词,余音摇曳,别具神态,有一种优游不迫之美。

第二,《齐风》具有开放壮美的特点。我们这里所指的开放不是诗人讽刺的襄公和文姜兄妹之间的偷情,而是指《鸡鸣》《著》《东方之日》

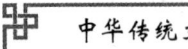

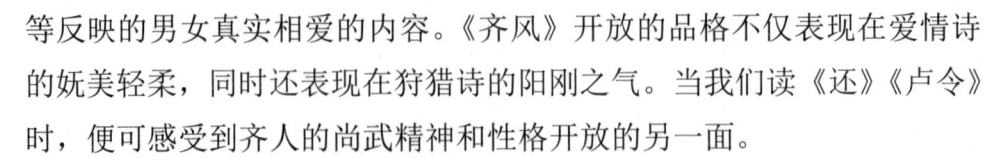

等反映的男女真实相爱的内容。《齐风》开放的品格不仅表现在爱情诗的妩美轻柔，同时还表现在狩猎诗的阳刚之气。当我们读《还》《卢令》时，便可感受到齐人的尚武精神和性格开放的另一面。

其三，《齐风》具有很高的表现艺术成就。《齐风》以赋为主，兼用比兴。《齐风》的叙述，特别是描写，有非常精彩之处，它们类似于叙事文学的细节刻画，又宛如电影艺术的特写镜头。

讨论交流

1. 《齐风》中的诗共有有三种类型，其一是讽刺诗，其二是婚恋诗，其三是狩猎诗，你最喜欢哪种类型的诗歌？原因是什么？请与同学们交流一下自己的观点吧。

2. 爱情生活是人类生活中的重要内容，《齐风·东方之日》中更是大胆直接地披露了齐地青年男女的爱情生活。在今天，风华正茂的我们，正处于高三生涯，假设你也有爱慕的对象，你会如何处理呢？请与同学们交流一下吧。

拓展活动

南山崔崔，雄狐绥绥。鲁道有荡，齐子由归。既曰归止，曷又怀止？葛屦五两，冠緌双止。鲁道有荡，齐子庸止。既曰庸止，曷又从止？蓺（yì）麻如之何？衡从其亩。取妻如之何？必告父母。既曰告止，曷又鞠止？析薪如之何？匪斧不克。取妻如之何？匪媒不得。既曰得止，曷又极止？——《齐风·南山》

载驱薄薄，簟（diàn）茀朱鞹（kuò）。鲁道有荡，齐子发夕。四骊济济，垂辔濔（nǐ）濔。鲁道有荡，齐子岂（kǎi）弟（tì）。汶水汤（shāng）汤，行人彭彭。鲁道有荡，齐子翱翔。汶水滔滔，行人儦（biāo）儦。鲁道有荡，齐子游敖。——《齐风·载驱》

以上两首诗均是来讽刺齐襄公和文姜的。齐襄公和文姜是同父异母的兄妹，二人通奸，后来文姜嫁给了鲁桓公，但兄妹二人仍然旧情不断。这两首诗从不同侧面谴责兄妹俩的无耻行为，揭露了统治者的荒淫生活。请同学们课下利用网络资源，查阅相关资料，分析造成这种现象出现的原因有哪些，体会其中作者借以表达的深刻含义。

第24课　传　记

传记，是文学体裁的一种，也是早期文学的重要形式之一。传记大体分两大类：一类是以记述翔实史事为主的史传或一般纪传文字；另一类属文学范围，以史实为根据，但不排斥某些想象性的描述。齐文化中的传记作品主要有《晏子春秋》、《左传》中的齐国史传、《国语·齐语》、《战国策·齐策》等。

《晏子春秋》　《晏子春秋》是我国历史上一部独具特色的典籍。它以春秋时代晏婴的生平事迹为依据，又辑缀了关于他的佚闻轶事的大量民间传说，从而写出晏子一生的思想和言行。它是我国最早的一部传记文学作品，所以，《四库全书总目提要》称它是"虽无传记之名，实传记之祖也"。

《晏子春秋》是我国第一部集中刻画一个人物的传记性历史小说，它以自己独特的艺术和丰富的内容，展示出齐国社会生活的一部分；它以生动而优雅的色彩，表现了齐文学的丰富性和创造力，在中国文学史上最早塑造了具有鲜明性格特征的人物形象——晏子。

《晏子春秋》

知识链接

晏婴（公元前578年至公元前500年），字仲，谥平，习惯上多称平仲，又称晏子，夷维人（今山东高密）。春秋时期一位重要的政治家、思想家、外交家。

晏婴是齐国上大夫晏弱之子。以生活节俭，谦恭下士著称。据说晏婴身材不高，其貌不扬。齐灵公二十六年（公元前556年）晏弱病死，晏婴继任为上大夫。历任齐灵公、庄公、景公三朝，辅政长达四十余年。以有政治远见、外交才能和作风朴素闻名诸侯。周敬王二十年（公元前500年），晏婴病逝。孔丘曾赞曰："救民百姓而不夸，行补三君而不有，晏子果君子也！"现存晏婴墓在山东淄博齐都镇永顺村东南约三百五十米。

晏子是一个智者的形象。他谏君讲究进谏的方法，或直谏犯颜，或陈述大义，或幽默讽喻，以求达到平和见效的目的。他机智过人，善于辞令，把才智运用于政治实践中，为国为民做了许多好事。书中主人公晏子的形象如此饱满，光彩照人，是与其表现形式分不开的。

首先，《晏子春秋》具有传记性。全书以主人公晏婴为中心，讲述了近二百个历史故事。作者采用因人立事、因事见人的手法，以真人真事为依据，书写了晏婴的生平。同时作者还采用众星托月的手法取得了良好的艺术效果。

其次，《晏子春秋》具有小说的性质。它吸收了民间传说中长于叙事、富于夸张的特点，注意故事情节的描写，注意人物的刻画。

再者，《晏子春秋》的语言简明洗练，流畅美妙，富于哲理，四言韵语、连珠式的排偶句型几乎每篇都有，有力地表现了晏子娴于辞令、富于辩才的特点。语言塑造了人物，人物也使语言增添了光辉。另外，书中还运用了心理描写、细节描写等文学描写手法，使读者对晏婴这个历史人物留下深刻印象。

《晏子春秋》以其较为丰富的思想内容和艺术的特色，成为齐文学的重要作品。它表现出齐文化兼容并包的特点，体现出丰富的创造力，因而也对后代产生了较为广泛的影响。

《左传》中的齐国史传 《左传》记齐国

《左传》

史实，始于僖公，终于平公。《左传》长于写战争和外交辞令，齐国史料中最能突出这两方面艺术特色的是"鞌之战"。

"鞌之战"是齐军与晋、鲁、卫、曹四国联军在齐地进行的一场大战，时间在齐顷公十年（鲁成公二年）。《左传》根据齐、晋史籍记述了战争的起因、经过和结果，也根据齐国史籍记录了齐使宾媚人的外交辞令。战争的结果是齐国失败，失败的原因是战前齐国对四国使臣无礼，近因是齐军上下在战争中骄傲轻敌。在齐君眼看被俘的危急时刻，原来是护卫齐君的车右逢丑父冒充齐君，使齐君下车取水，齐君才脱险而免遭俘虏。作品突出刻画了这位卫士的英勇机智和忘我牺牲的精神。

《左传》不仅有声有色地叙述了这次战争，还记录了到晋军讲和的齐使宾媚人义正辞严的外交辞令。晋军眼看要逼近齐都临淄，在如此恶劣的形势下讲和，光靠贿赂已经不行了。晋军提出的条件有两条：一是"必以萧同叔子为质"；二是"使齐之封内尽东其亩"。"萧同叔子"是顷公的母亲，这次战争是她对四国使臣无礼引起的，故晋方提出以她为质来控制齐国。"尽东其亩"是把齐国的田间垄埂都改为东西向，便于晋国兵车往来，随时可征伐齐国。宾媚人驳斥说，以齐君之母为质，既为天子之命所不许，又是以不孝令天下；而针对第二个条件，他又以田亩的方向是由土地的自然条件决定的，如果强行"尽东其亩"是违反先王之制的不义行为来驳斥。宾媚人最后说："寡君之命使臣，则有辞矣……敝邑之幸，亦云从也；况其不幸，敢不唯命是听！"这些话说得委婉曲折，表面上谦逊忍让，骨子里不甘示弱，准备还击。表现了一个外交使臣在劣势下坚持原则不肯让步的严正立场。

《国语·齐语》 《国语·齐语》全部是有关齐桓公称霸的内容，主要记述管仲与桓公论治国的言论。

首先，《齐语》以大段记言为主。在具体的记述中，通过人物语言的推进，能够体现事情发展的进程，而且能够体现出人物一定的心理状态和思想活动，使这些记述具有浓厚的故事意味。

其次，《齐语》中相当集中地表现了管仲的形象。文章的开始是通过鲍叔等人物的叙述来反映，侧面表现了管仲是"天下之才"的主要特征，交待了管仲才能的主要方面。之后，则是连续几段的管仲的言论。这些言论，由于其分析与说理的中肯实际，从而显示出管仲确实具有政治家的方略、识见，确实是治国之臣。

再者，《齐语》的语言总体特点是质朴而有条理，通俗而能典雅，具有较强的说服力和感染力。另外，它有整齐而注重修辞的趋势，不仅人物的大量论说如此，在一些叙述性语言中也是如此。

《国语·齐语》在利用有关史料组成具有一定故事性特征的作品时，齐文学在培养和发展着自己的文学因素和成份，在锻造着自己的面貌和特点，这也正是《国语·齐语》对于我们所具有的文学价值。

《战国策·齐策》 《战国策》是记载战国时期人物的言行事迹及谋略策划的一部著作，其中相当数量是记载策士们的言行事迹。其中《战国策·齐策》序列第四，分六部分，计59篇。所记史实，起自威王，止于王建，以记录纵横家言论为主。如《苏秦为赵和纵说齐宣王》《张仪为秦连横说齐王》《苏秦说齐闵王》等，都是典型的例子。

《齐策》艺术性很高。它写出了一些个性鲜明的人物：如冒着生命危险、说服齐宣王、恢复靖郭君相位的齐貌辨；为孟尝君焚券市义，经营"三窟"，使孟尝君"高枕为乐"的冯谖；射书聊城城中，使燕将感而退兵，并劝田单与士卒共甘苦，结果攻下狄城的鲁仲连等。

《齐策》所记录的人物的言论，善于分析形势，阐明事理。如初中所学《邹忌讽齐王纳谏》，邹忌从个人面貌的美丑，联系到朝廷政治的得失；从个人所受的"赞美"，联系到国君所受的蒙蔽；从而启发国君，广开言路，虚心纳谏。这里以小喻大，说理透彻，富有感染力。

《齐策》说明事理，还善用寓言和比喻：如有名的寓言"画蛇添足"，就见于《齐二》。精当的比喻，如《齐一》靖郭君将城薛而退居，门客把他比成脱离海水的大鱼；《齐四》冯谖把为孟尝君经营的三个政治安身处，比成"狡兔三窟"等。这些寓言和比喻，都增强了文章的艺术性和说服力。

讨论交流

1. 《晏子春秋》中的"二桃杀三士"这则成语故事最打动人的，是三位勇士的"君子之风"。晏子本想利用三人恃才傲物的弱点，让彼此相互争功，离间人心，从而削弱他们的政治威胁，并没有想到他们会舍身取义，有如此君子风度。假如你是其中的一位勇士，站在今天的历史角度上，你会怎么做呢？请与同学们交流一下吧。

2. 《邹忌讽齐王纳谏》中塑造了邹忌这样一位有自知之明、善于思考、勇于进谏的贤士形象，非常值得我们佩服。假设在班级管理中，你发现了你的班主任正如那位齐威王一样，你该如何进行讽谏呢？请和同学们一起分享你的想法吧。

拓展活动

楚人以晏子短，为小门于大门之侧而延晏子。晏子不入，曰："使狗国者从狗门入。今臣使楚，不当从此门入。"傧者更道，从大门入。见楚王，王曰："齐无人耶？使子为使。"晏子对曰："齐之临淄三百闾，张袂成阴，挥汗成雨，比肩继踵而在，何为无人？"王曰："然则何为使子？"晏子对曰："齐命使，各有所主。其贤者使使贤主，不肖者使使不肖主。婴最不肖，故宜使楚矣。"——《晏子使楚》

外交无小事，尤其在牵涉国格的时候，更是丝毫不可侵犯。晏子以"以子之矛攻子之盾"的方式，维持了国格，也维护了个人尊严。请同学们思考并分析晏子能赢得这场外交胜利的原因有哪些？

第25课　散　文

齐国的文学，源远流长，丰富多彩。齐地的散文，成就辉煌，影响深远。出自齐人的《管子》，出自客卿的《孟子》《荀子》，都是照耀千秋的散文巨著。

《管子》的散文艺术　从散文的范畴看，《管子》一书，包括三个方面：一是论述管仲政治主张的政论散文；二是阐明管仲学派哲学思想的哲理散文；三是记述有关管仲生平的史传散文。

《管子》中的哲理和政论散文，具有多种形式。一是直论式，即直接论述。二是注解式，即通过对正文或经文的解释进行论述。三是问答式，即通过提问回答进行论述。

《管子》中的史传散文，以记言和叙事为主。记言最多的是桓公和管仲的问答，其次是鲍叔、公子纠、管仲三人的问答。《管子》之文，善于说理。如第一篇《牧民》，论国君治国治民之道，包括《国颂》《四维》《四顺》《十一经》《六亲五法》五部分。全文围绕着"牧民"这个中心，论述得周到而又详细。

《管子》中的散文说理，首先善于从正反双方立论，对照比较；其次还善于运用比喻；再次，富有文采，使用了大量对偶、排比、顶真的句式，有些地方还句尾叶（xié）韵，具有自然的音节；不少语句精炼概括，寓意深远，具有格言的特点。如"仓廪实则知礼节，衣食足则知荣辱"；"一年之计，莫如树谷，十年之计，莫如树木，终身之计，莫如树人"，已被传诵千古。

稷下成员中齐人的散文　稷下成员中的齐人有淳于髡、尹文、田骈、驺衍、鲁仲连等人，其中有作品流传，真实可靠，富有文采的是淳于髡和鲁仲连。

1. 淳于髡的散文

淳于髡是文学家,他在散文上的成就,主要表现在三方面:

其一,长于隐语寓言,能把抽象的议论形象化。隐语是一种暗比,近似寓言而缺少故事情节。

知识链接

淳于髡,(约公元前386年—公元前310年),黄县(今山东省龙口市)人。齐国赘婿,齐威王用为客卿。他学无所主,博闻强记,能言善辩。他多次用隐言微语的方式讽谏威王,居安思危,革新朝政。还多次以特使身份,周旋诸侯之间,不辱国格,不负君命。

淳于髡画像

其二,长于诙谐之语,能使严肃的内容趣味化。

其三,长于铺张渲染,能使散文的语言辞赋化。

2. 鲁仲连的散文

鲁仲连的散文,善于分析形势,剖陈利害。他的名篇《说辛垣衍》和《遗燕将书》,突出地体现了这个特点。

《说辛垣衍》全文分三部分:第一部分叙两人论辩的由来,由辛垣衍奉魏王令劝赵帝秦,到鲁仲连经由平原君相见;第二部分记两人论辩的经过及其结果,由辛垣衍坚持帝秦,到被鲁仲连说服放弃帝秦;第三部分叙邯郸解围,鲁仲连拒绝平原君的封赏。其中第二部分是中心。文章在论辩中,或劝说,或刺激,或斥责,或恫吓。议论驰骋,语言锋利,气势充沛,展现了鲁仲连的论辩艺术。

3. 稷下成员中客卿的散文

稷下成员中的客卿中有专著流传,散文成就高的是孟子和荀子两位儒家大师。

（1）孟子的散文

孟子的散文长于辩论，能掌握对方心理，善设机巧，引人入彀，掌握主动，步步紧逼，气势充沛。

《孟子》的文章善于铺陈，文采华赡，笔锋犀利，摇曳多姿。如明知齐宣王不行仁政的思想障碍是想行霸道，用武力统一天下，他却故意撇开不谈，而问："为肥甘不足于口与？轻煖不足于体与？抑为采色不足视于目与？声音不足听于耳与？便嬖不足使令于前与？"等到齐宣王回答："吾不为是也。"然后把撇笔收回，点出真意："然则王之所大欲可知已，欲辟土地，朝秦楚，莅中国而抚四夷也。以若所为，求若所欲，犹缘木而求鱼也。"

《孟子》的散文，还善用比喻和寓言说理。除了用"缘木求鱼"比喻徒劳无功之外，还用"挟太山以超北海"，比喻"不能"。另外，还有许多著名的寓言如"揠苗助长""冯妇搏虎"等都出自《孟子》。同时，许多成语，如"五十步笑百步""一暴十寒""与民同乐"等，也都来自《孟子》。

（2）荀子的散文

荀子处世为人的态度，决定了其文章的风格和成就。我们读《荀子》，内容上博大精深，而风格上富厚详实。

《荀子》的政论与哲理散文，大都论点明确，逻辑周密，说理深透，句式整练，词汇丰富，善用比喻说理。如《荀子》中的第一篇《劝学》，在论述中，运用了大量比喻、对偶句、排比句等，显示了《荀子》散文的辞采。

结构的严谨、论述的周详、比喻的连用、语句的气势、造句的新鲜形象，以及内容的博大精深，共同形成了荀子散文宏富、浑厚的风格特点。

讨论交流

1. 淳于髡的散文成就主要表现在哪三个方面？成语"一鸣惊人"也是出自淳于髡，请同学们思考一下，"一鸣惊人"体现了他的散文中哪方面的成就，大家一起交流一下吧。

2. 孟子在对人性的根本看法上持"人性本善"的观点，而荀子却主张"人性恶"，那么针对这个问题，你是怎么看待的呢？请同学们互相交流一下自己的观点。

拓展活动

昔孟子少时，父早丧，母仉（zhǎng）氏守节。居住之所近于墓，孟子学为丧葬，躄（bì），踊痛哭之事。母曰："此非所以居子也。"乃去，遂迁居市旁，孟子又嬉为贾人炫卖之事，母曰："此又非所以居子也。"舍市，近于屠，学为买卖屠杀之事。母又曰："是亦非所以居子矣。"继而迁于学宫之旁。每月朔（shuò，夏历每月初一日）望，官员入文庙，行礼跪拜，揖（yī，拱手礼）让进退，孟子见了，一一习记。孟母曰："此真可以居子也。"遂居于此。——《孟母三迁》

孟子少时，东家杀豚，孟子问其母曰："东家杀豚何为？"母曰："欲啖（dàn）汝。"其母自悔而言，曰："吾怀妊（rèn）是子，席不正不坐；割不正不食，胎教之也。今适有知而欺之，是教子不信也。"乃买东家豚肉以食之。明不欺也。——《杀豚不欺子》

"孟母三迁"的故事让我们意识到了"近朱者赤、近墨者黑"的道理；而"杀豚不欺子"的故事，让我们意识到了"言必信，行必果"，身教重于言传的道理。而如今的社会上，却存在着一些不和谐的做法，请反思出现这些不和谐做法的原因，作为一名高三的学生，今后的你会如何为社会贡献自己的力量。

第26课　音　乐

齐国自建国初就推行了"因其俗，简其礼"的治国方略，为齐国的政治、文化创造了相对宽松的环境，为齐文化的产生和发展奠定了基础。音乐作为齐文化的重要组成部分，也获得了广阔的发展空间，民间俗乐、宫廷雅乐和音乐理论都有了长足的发展，并且显示出与众不同的时代特点。

齐国音乐的起源　古人在从事狩猎、采集、种植、收获等劳动中，为了协调一致而发出的声音，或为庆祝收获而发出的胜利的欢呼声，这些声音是音乐的起源，也即"劳动起源说"。

音乐在劳动中产生，必然会随着生产力的发展日趋丰富、繁荣。春秋战国时期，齐国的生产力水平处于当时的领先地位。据记载，齐国是最早制造和使用铁农具的地区，特别是铁器的使用大大推动了齐国农业的发展。农业的发展又极大地促进了手工业、商业的发展，齐国的手工业者能制作精美的青铜器，能生产极柔软轻薄的丝织品，齐国的都城临淄聚集了大批商贾的到来，并成为当时东方最大最繁华的都市。此外，齐国君主开明，以很高的政治地位和优厚的物质待遇，招徕了众多名士，为文化的繁荣提供了人才。总之，齐国鼎盛的物质文化与相对宽松的政治、文化环境，为齐地音乐的产生和发展奠定了基础。

齐国音乐的发展　齐国音乐的发展主要可以从东夷乐舞、民间音乐、宫廷音乐及音乐理论等几个方面一窥全貌。

东夷乐舞　在姜太公封齐之前，齐原为东夷旧址。东夷乐舞，即先齐乐舞。先齐乐舞的相关资料已经消融在历史长河之中，对于先齐乐舞的盛况，只能通过历史文献记载和出土文献资料一窥全貌。近几年，考古工作者在齐国故都遗址及周围地区发掘出大量春秋战国时期的吹奏乐器，如编钟、石磬、陶埙、钟、铃、铜鼓等。其中，仅在 1980 年在临淄城南大夫观村以西的古墓群中，就出土战国时期的编钟八枚，纹路清晰可辨，声音清脆悦耳。另外，先齐音乐的相关资料也表明，先齐时期的乐器相当可观，已经出现了金、石、土、革、丝、木、匏、竹八种乐器。由此，可以推测先齐音乐已经达到了非常高超的水平。

人类早期的乐舞往往是与当时氏族的图腾崇拜相关的，先齐乐舞以舜时的韶乐最负盛名。韶乐是齐国音乐的精华，是东夷文化的结晶，因此齐国的音乐也被誉为"三代之遗声"。公元前 517 年，孔子曾到齐国听闻了韶乐的演奏，发出"三月不知肉味"的感叹，并赞美韶乐"尽美矣，又尽善也"。时至现在，韶乐已经失传，人们只能从零星的记载中去追寻韶乐的风姿卓韵了。

知识链接

韶乐介绍

有关韶乐的产生年代、名称、形式，史书的记载略有不同。有称《韶》《大韶》《九韶》《箫韶》《九招》《韶箾》《韶虞》的，也有称作《九辨》《九代》的。

民间音乐 姜太公封齐立国之初，制定了一系列发展工商业的政策，齐地的经济实力得到了很大的提高，为齐地音乐的发展奠定了雄厚的物质基础。据记载，当时的国都临淄居民七万户，"甚富而实，其民无不吹竽、鼓瑟、击筑、弹琴……"这充分说明当时的音乐实践在齐国居民中的普及程度。《诗经·国风》中的11首《齐风》，实际上就是齐地流传的民歌，表

> "昔者王豹处于淇，而河西善讴；绵驹处于高唐，而齐右善歌；华周杞梁之妻，善哭其夫而变国俗。"
> ——《孟子·告子下》

达了男女之间的情爱与现实生活，具有浓郁的生活气息和鲜明的地域特色。

齐国民歌最鲜明的特色是"好讽、善哭"。《齐风》中的《南山》《鸡鸣》都是讽刺歌曲的典型，讽刺对象从统治阶级到平民阶层无所不包。在齐地，还以一种余音绕梁式的曼声长歌的哭调，具有声调悲凉、曲折徘徊、一唱三叹的显著特点，渐渐成为齐地的民间传统音乐形式。

故事链接

韩娥善哭

从前韩娥东行到齐国去，不料缺粮，她在经过齐国的雍门时，以卖唱来糊口。她离开后，那美妙绝伦的余音还仿佛在屋上的中梁之间缭绕，数日不绝于耳。周围的人都以为她并没有离开。韩娥经过一家旅店，旅店的主人羞辱她。韩娥为此拉长声音痛哭不已。她那哭声弥漫开来，竟使整个村子的男女老少泪眼相向愁眉不展，人人都难过得许多天吃不下饭。人们急忙追赶且挽留她。韩娥回来了，又拖长声调高歌，引得乡里的老少个个欢呼雀跃，不能自禁，大家忘情地沉浸在欢乐之中，将以往悲苦都忘了。人们就送给她丰厚的财物。所以雍门那边的人，至今还善于唱歌表演，那是效仿韩娥留下的歌唱技艺。

宫廷雅乐　宫廷音乐也称官乐，是与民间俗乐相对而言的。当时的齐国国君喜乐善舞，"钟鼓竽瑟之声不绝，和乐倡优侏儒之笑不乏"。齐景公不但"左为倡，右为优"，自己还会弹奏琴瑟。齐康王豢养了大量舞伎，且以锦衣玉食供养之，"食必粱肉，衣必文绣"。齐宣王迷恋音乐，喜好奢华，讲究排场，"使人吹竽，必三百"，以至于出现了"滥竽充数"的笑话。

上行下效，国君喜好音乐的传统必然会影响到当时的臣子。齐国的卿相及至文武百官，不乏通晓音律、能歌善舞之徒，较为著名的有管仲、邹忌等。

音乐理论　　早在春秋时期，齐国就已经发明和掌握了中国最早的生律法——"三分损益法"，开启了世界乐律计算方法的新篇章。

《管子》记载的"三分损益法"，采用数学方法计算五声音阶中各音的弦长比例，是我国乃至世界音乐史上最早的一种求律方法。学者评价它说："尽管采用'三分损益法'求得的律制不是一种完美的律制，但它毕竟开中国律学理论之先河，是人类历史上最早将数学、物理学与音乐学有机结合的一种可贵探索，它比古希腊'数论之祖'毕达哥拉斯提出的乐律理论还要早140多年。"

齐国音乐的影响　　齐国雄厚的经济实力和相对宽松的政治、文化氛围，为其音乐艺术的发展奠定了基础，齐文化的包容与开放，又为音乐艺术发展创造了良好的社会条件，最终形成音乐艺术的繁荣局面，给后世留下了多姿多彩的齐国音乐经典。无论是独具特色的民间音乐、气势恢宏的宫廷音乐，还是工艺精美的齐国乐器及制作工艺理论，都充分体现了齐国音乐艺术的成就，并呈现出鲜明的地域特色。"特别是系统的齐国音乐理论体系，作为中国古代音乐思想的重要组成部分，不仅成为中华音乐文化的重要源头之一，影响中国音乐思想与实践长达数千年，而且也为丰富和发展我国及世界传统音乐文化做出重要贡献。"这对于后世探讨音乐的发展具有重要的理论和实践意义。

讨论交流

1. 先秦乐舞中最出名的乐舞是什么？在当前韶乐已经失传的背景下，请同学们利用课余时间，通过信息化手段，上网搜索现代对韶乐的复原情况，并观看现代复原的韶乐盛况，与同学们交流一下有关韶乐的看法吧。

2. 齐国的民间音乐有哪些显著的特点？"韩娥善哭"的故事，是齐国民间音乐"善哭"的典型之作，除此之外，你还能想到其他的小故事吗？与同学们一起讨论交流吧。

拓展活动

邹忌子以鼓琴见威王，威王说而舍之右室。须臾，王鼓琴，邹忌子推户入曰："善哉鼓琴！"王勃然不说，去琴按剑曰："夫子见容未察，何以知其善也？"邹忌子曰："夫大弦浊以春温者，君也；小弦廉折以清者，相也；攫之深，之愉者，政令也；钧谐以鸣，大小相益，回邪而不相害者，四时也：吾是以知其善也。"王曰："善语音。"邹忌子曰："何独语音，夫治国家而弭人民皆在其中。"王又勃然不说曰："若夫语五音之纪，信未有如夫子者也。若夫治国家而弭人民，又何为乎丝桐之间？"邹忌之曰："夫大弦浊以春温者，君也；小弦廉折以清者，相也；攫之深而舍之愉者，政令也；钧谐以鸣，大小相益，回邪而不相害者，四时也。夫复而不乱者，所以治昌也；连而径者，所以存亡也：故曰琴音调而天下治。夫治国家而弭人民者，无若乎五音者。"王曰："善。"——《史记·田敬仲完世家》

以上文字是《史记》中关于齐国民间音乐的记载，请同学们利用课余时间认真阅读、搜集与齐国音乐相关的语段，探讨齐国音乐的特点其兴盛原因。

参考资料：

1.《齐文化通论》宣兆琦、李金海主编 新华出版社

2.《齐文化发展史》宣兆琦著 兰州大学出版社

3.《齐文化大观》李新泰主编 中共中央党校出版社

4.《齐文学艺术史》王渊明、王培元著 齐鲁书社

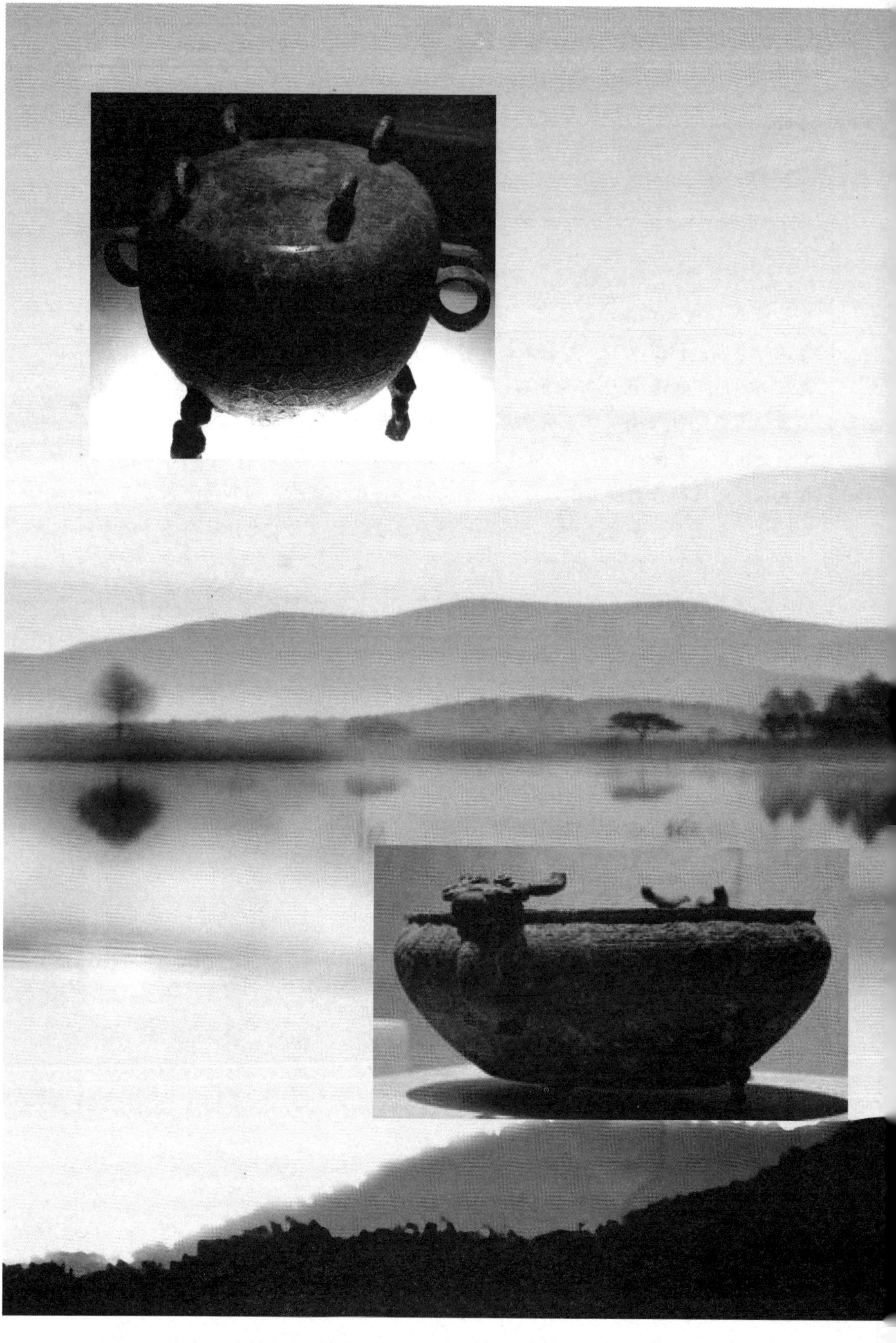

第七单元 齐经学

汉武帝采纳董仲舒的建议,采取"罢黜百家,独尊儒术"的文化政策,从而使中国传统文化全面整合。齐文化在汇入中国传统文化这一多样性的统一文化体系之中后,以新的形式和形态继续向前发展。

西汉经学分为今文经学和古文经学,今文经学一统天下,古文经学只在民间流传,到东汉末年,集今古文大成的经学家郑玄,打破古今文的界限,完成经学的融合与统一。

在今文经学的形成过程中,无论是从经书传授,还是从学术特点来看,都与齐文化有着密不可分的关系。表现在一是齐人对古文经学的传授,二是齐文化对经学的影响两个方面。

齐人对古文经学的传授和齐文化对经学的重要影响,使今文经学在其形成和发展过程中,呈现出与古文经学截然不同的风格和特征,而表现这一风格和特征的代表便是今文经学中的齐学——"齐派经学",即"齐经学"。本单元着重从齐经学的内容和特点两个方面进行阐述。

中华传统文化

第27课　齐经学的内容

汉武帝推行"罢黜百家，独尊儒术"的文化政策，置儒家于独尊的地位，儒学成了经学，儒家的典籍《诗》《书》《易》《礼》《春秋》等也就相应地成了经典。从此，经学在两千多年的中国封建社会一直是一面高高飘扬的旗帜。在这种背景之下，齐文化很自然地便投入了经学的怀抱之中。齐文化与经学的结合，产生了齐派经学，简称为齐学。

齐学有齐《易》、齐《尚书》、齐《诗》、齐《论语》和《公羊春秋》等。

齐学重在阐发儒家经典中的微言大义。主要有三方面的内容："大一统"说、"天人感应"说和"三世"说。

知识链接

辕固传《诗》：辕固，齐国临淄人，是汉初研究《诗经》四大家之一、《齐诗》的创始人。辕固学术严谨，敢于坚持真理；为人廉直，不阿权事贵。窦太后崇尚黄老之学，好读《老子》，她向辕固请教《老子》，辕固直言不讳，轻蔑地说："此家人言耳。"贬道家而扬儒家。窦太后听后大怒，骂儒家经典是刑徒之书，并强迫辕固到野猪圈里和野猪搏斗。幸好汉景帝暗中借给辕固一把利剑。辕固进入野猪圈后，杀死了野猪。窦太后一见，不好再加罪名。不久，汉景帝安排辕固离京去做清河太傅，辕固当了一段时间，以年老多病的理由辞职归乡，继续传授儒学。汉武帝时期向全国各地征召贤良，此时已90多岁高龄的辕固又以贤良身份至京都。他对60岁的齐人公孙弘（官至丞相）语重心长地说："公孙子，务正学以言，无曲学以阿世。"辕

刚正不阿的一代大儒——辕固

固至京后，因年龄太大，不久即罢归故乡。辕固在发展儒家学说中发挥了中流砥柱的作用。他桃李满天下，形成了以齐人为主的一个庞大的《齐诗》学派。汉代以《诗》显贵者，多出于辕固之门。辕固墓在今桓台县田庄镇辕固村。

"大一统"说 "大一统"说是经学家们根据当时的社会现实从儒家经典中阐发出来的微言大义。

汉武帝元光元年（公元前134年），汉武帝下诏征求治国方略。齐地经学流派——公羊学派的著名学者——董仲舒，在《举贤良对策》中系统地提出了"大一统"学说、"罢黜百家，表彰六经"的主张、"天人感应"理论。认为《公羊春秋》所主张的"大一统"，是宇宙间的法则，封建王朝必须要遵循。这就是董仲舒主张政治哲学的核心。他还根据"大一统"的普遍法则，提出了思想也要"大一统"的论点。也就是说"大一统"既包括政治经济上的统一，也包括思想文化上的统一。董仲舒提出：只有思想统一才能巩固政治统一，而思想应该统一于以孔子为代表的儒家思想上。汉武帝采纳了董仲舒的建议之后，施行了"罢黜百家，独尊儒术"的政策，将儒家作为正统思想，树立起了儒学的权威，产生了中国特有的经学及经学传统。

"大一统"学说的提出，为封建统治者所推行的政治、经济、文化等诸方面的统一政策提供了强有力的理论依据。

知识链接

伏生授《书》：伏生，名胜，字子贱，齐人。秦始皇"焚书"时，他冒杀头之罪，将《尚书》等经书藏于墙壁间。汉朝平定天下后，又将残书抄录整理，以《尚书》授徒，一时誉满齐鲁。汉文帝时，想找到能研究《尚书》的人，遍寻全国没有找到。后来听说邹平有个叫伏生的人会讲授，就打算召用他。当时伏生年逾九十，难以行走。于是派太常掌故晁错亲临邹平学习《尚书》。伏生年迈体衰，口齿不清，便由女儿羲娥转述。晁错得《尚书》28篇，全用汉隶写出，即今文《尚书》。伏生在此以前居家授徒时，其弟子将他的讲义记录下来，成为《尚书大传》一书。史家高度赞誉伏生为"尚书再造"和《尚书》第一传人。伏生被追封为乘氏伯，尊为圣人，进文庙，享受万民祭祀。其后裔，世袭五经博士。邹平原有伏生书院，曾设伏生乡。韩店镇苏家村西原有伏生祠，魏桥镇寄驾冢村西北原有伏生墓，牌坊大门有"尚书再造"的金字匾额。

伏生授《书》

"天人感应"说 "天人感应"说是齐学对天人关系的解释，在这一理论体系中，齐学家们竭力把人事政治与天道运行相附会，并强有力地组合在一起，从理论上论证了当时专制君主的绝对权威和君臣父子严格统治秩序的合理性。

董仲舒"天人感应"论，来自齐地邹衍的阴阳五行学说，就是将社会、政治和自然联系起来，用自然现象来解释社会政治的兴衰。他认为，人君为政应像老天学习，以德治国，以民为本；否则，老天就会降下种种"灾异"来警告人君。如果人君仍不知悔改，老天就会使人君失去天下。

"天人感应"书法作品

"三世"说 齐学的"三世"说，为人们提供了一个由衰乱世到升平世再到太平世的社会演化模式，从而引申出社会由乱到治的变易。"三世"说并不是在阐述具体的历史事实，而是在阐述一种历史哲学。这种历史哲学的理论核心是"变"，正如董仲舒所说："《春秋》无通辞，从而变移。"这种承认社会在变、历史要变的尚变思想，在中国历史上产生了广泛而深远的影响。

"大一统"说、"天人感应"说和"三世"说都是齐派经学所开创的阐发微言大义传统而形成的理论。传统的儒家经典，为我们所提供的仅是些单纯的历史事实，而齐派经学的发挥则使我们得到了一种社会、历史哲学。齐派经学这种重义理的传统，一方面为明清之际的启蒙思想家和近代改良主义思想家们所继承和发扬，对社会历史的发展产生了重大影响；另一方面也充分显示了齐学"尚变"的特点。

讨论交流

1. 齐经学的主要内容包括哪几个方面？
2. 你对齐经学的哪个内容最感兴趣、最有想法呢？请联系当今中国实际国情来谈一下"天人感应"学的进步意义。
3. "大一统"说的提出者是谁？主要思想是什么？这种学说对于今天的社会发展有无指导意义？

拓展活动

"穷则变，变则通，通则久。"——《易经》

《易经》里边蕴含着丰富的真知灼见，是值得我们学习的一本好书。如何发挥人的主观能动性，使矛盾发生转变，进而实现政通人和，长治久安。是上至国家领导人下至普通群众必做的问答题。

"变"是人生的常态，同学们，你为明天拼搏的路上，改变了多少呢？充分发挥自己的主观能动性了吗？

中华传统文化

第28课 齐经学的特点

齐学以儒家经学为形式，实际上继承了先秦稷下学说兼容并包的诸子思想中注重社会、政治，勇于进取的传统。它表现出来的突出特点有两个。

知识链接

董仲舒上书： 董仲舒（公元前179年至公元前104年），西汉齐、赵交界的广川郡（今河北景县、山东德州一带）人，齐地经学流派——公羊学派的著名学者。汉武帝元光元年（公元前134年），汉武帝下诏征求治国方略。董仲舒在《举贤良对策》中系统地提出了"大一统"学说、"罢黜百家，表彰六经"的主张、"天人感应"理论。汉武帝采纳了他的建议，施行了"罢黜百家，独尊儒术"的政策，将儒家作为正统思想。汉武帝元光元年（公元前134年），董仲舒任江都易王刘非国相，时间长达十年之久。元朔四年（公元前125年），任胶西王刘端国相，四年后辞职回家。此后，在家著书。朝廷每逢大事，就会派使者及廷尉到他家，询问他的意见，他仍然受到汉武帝的重视。汉武帝太初元年（公元前104年），董仲舒病逝。

董仲舒画像

经师儒生兼习神仙方术 经师儒生兼习神仙方术，以阴阳五行学说解释儒家经典，大大发展了儒家的自然观。孟喜以卦气说讲《易经》，其再传弟子京房更以灾异推论时政得失，并据八卦原理，用"三分损益法"，将乐律十二律扩展成六十律，创十三弦"准"以定律。卦气说还开朗郑玄"爻辰说"和炼丹家魏伯阳"月体纳甲说"的先河。这样,汉代的《易》学始终主要为"谈天"的"象数易学"。齐《尚书》中,伏胜《尚书大传》专门有一篇大谈五行的《洪范五行传》。武帝不喜朴学,而好神仙之术和推论灾异、阴阳的学说,如《公羊》之学,而倪宽学的是大谈五行、灾异的伏胜《尚书》,谈得能够合拍,正反映了齐《尚书》的特色,齐《诗》的四始、五际、六情之说,更是经学阴阳五行化的典型。至于《公羊春秋》,其代表人物董仲舒更是以阴阳五行学说解经论政。他的"天人感应"论,来自齐地邹衍的阴阳五行学说,就是将社会、政治和自然联系起来,用自然现象,来解释社会政治的兴衰。他认为,人君为政应向老天学习,以德治国,以民为本;否则,老天就会降下种种"灾异"来警告人君。如果人君仍不知悔改,老天就会使人君失去天下。

知识链接

公羊学大师胡母生： 胡母生(一说胡毋生),字子都,齐国临淄人,西汉今文经学之一公羊学派的代表人物。公羊学派,是儒家经学中专门研究和传承《春秋公羊传》的一个学派。《春秋公羊传》亦称《公羊传》《公羊春秋》,是专门解释《春秋》的一部典籍,其起迄年代与《春秋》一致,即公元前772年至公元前481年,其释史十分简略,而着重阐释《春秋》所谓的"微言大义",用问答的方式释经。公羊学派始自战国时的齐人公羊高,其战国初至汉初的传承系统是：子夏→公羊高→公羊平→公羊地→公羊敢→公羊寿→胡毋子都(生)；公羊学派

胡母生画像

对《春秋》的研究开始仅口说流传,至汉景帝时,胡母生和他的老师公羊寿用汉代的隶书"著于竹帛",才使《公羊传》成书。汉景帝时,胡母生和董仲舒(有

学者认为，他是胡母生的弟子）被招为博士。二人同业《公羊春秋》，董仲舒曾著书称其德。胡母生、董仲舒为代表的齐学学者将儒学理论改造成了符合大一统需要的新儒学，从而取得汉武帝欣赏，获得了"罢黜百家，独尊儒术"的学术统治地位。

经学家们积极议政、参政，贯彻自己的经学思想 齐学的另一突出特点是：经学家们继承了稷下先生关心社会政治、力求使自己的思想应用于现实，实现其抱负的学风与作风；并且由积极议政进而发展为踊跃参政，在从政中贯彻自己的经学思想。这方面，除了董仲舒是突出的典型外，公孙弘为丞相，梁丘贺、萧望之皆为挂画像于麒麟阁的大功臣。许多经师皆至大官，京房为京官时，屡次冒死上疏，以灾异推论时政，劾奏权臣，出为魏郡太守，又以其经学思想治理地方，终致杀身之祸。这些都体现了这一特点。

知识链接

公孙弘任相：公孙弘（公元前200—公元前121年），字季，齐地寿光人。年轻时穷困潦倒，曾做过狱卒，还曾经为人家在海边放猪。四十岁以后，从师胡母生，由于勤奋聪敏，很快成为著名学者。六十岁时，被征为贤良博士，后出使匈奴，武帝很不满意，以病被免归故里。公元前130年，七十岁的公孙弘由当时的淄川国举荐，复征贤良文学博士。他到了长安，接受武帝的策对。刚开始考官阅卷，公孙弘的策对名次靠后，后来武帝阅览原卷时，特别欣赏公孙弘，将他的试卷改为第一。不久又拜为博士。公孙弘十分圆滑，熟悉文法吏事，年虽高而仪表堂堂，汉武帝十分欣赏他。一年之内，他便一跃升为左内史。公元前126年，迁御史大夫，位列三公。公元前124年，公孙弘为丞相。他就职伊始便出台了儒家教育官方制度化的完整方案。首先，在中央建立大学博士置弟子

员的制度，并对其限额、待遇、选举、业满出路等作出详细规定，大体内容是：博士官置弟子五十员；就业弟子享受免除徭役和赋税待遇；弟子选员途径有二：一由中央太常选补，一由地方选送；学员基本条件为年满十八岁以上，仪表端庄，品学兼优。太学实行一年一考的制度，按学员成绩择优任职晋官。其次，从中央到地方，自上而下地建立并完整起一整套互相连续的儒家教育体制。

讨论交流

1. 齐经学的特点是什么？你对哪一点最感兴趣，来交流一下吧。
2. 齐经学的第二个特点对当时的社会发展和现今社会的发展有无推动作用？

拓展活动

"仲舒治国，以《春秋》实异之变，推阴阳所以错行。"——《汉书·董仲舒传》

"以观天人相与之际，甚可畏也。国家将有失道之败，而天乃先出灾害以谴告之；不知自省，又出怪异以警惧之；尚不知变，而伤败乃至。"——《汉书·董仲舒传》

《汉书》作为二十四史前四史的第二部，你了解多少呢？《汉书》作者是谁？哪个朝代的人？《汉书》的体例是编年体还是纪传体呢？请查阅相关知识，互相交流识记吧。轻轻告诉你：这可是春季高考的一个知识点呀。

参考资料：

1. 《齐文化通论》宣兆琦、李金海主编
2. 《齐文化发展史》宣兆琦著

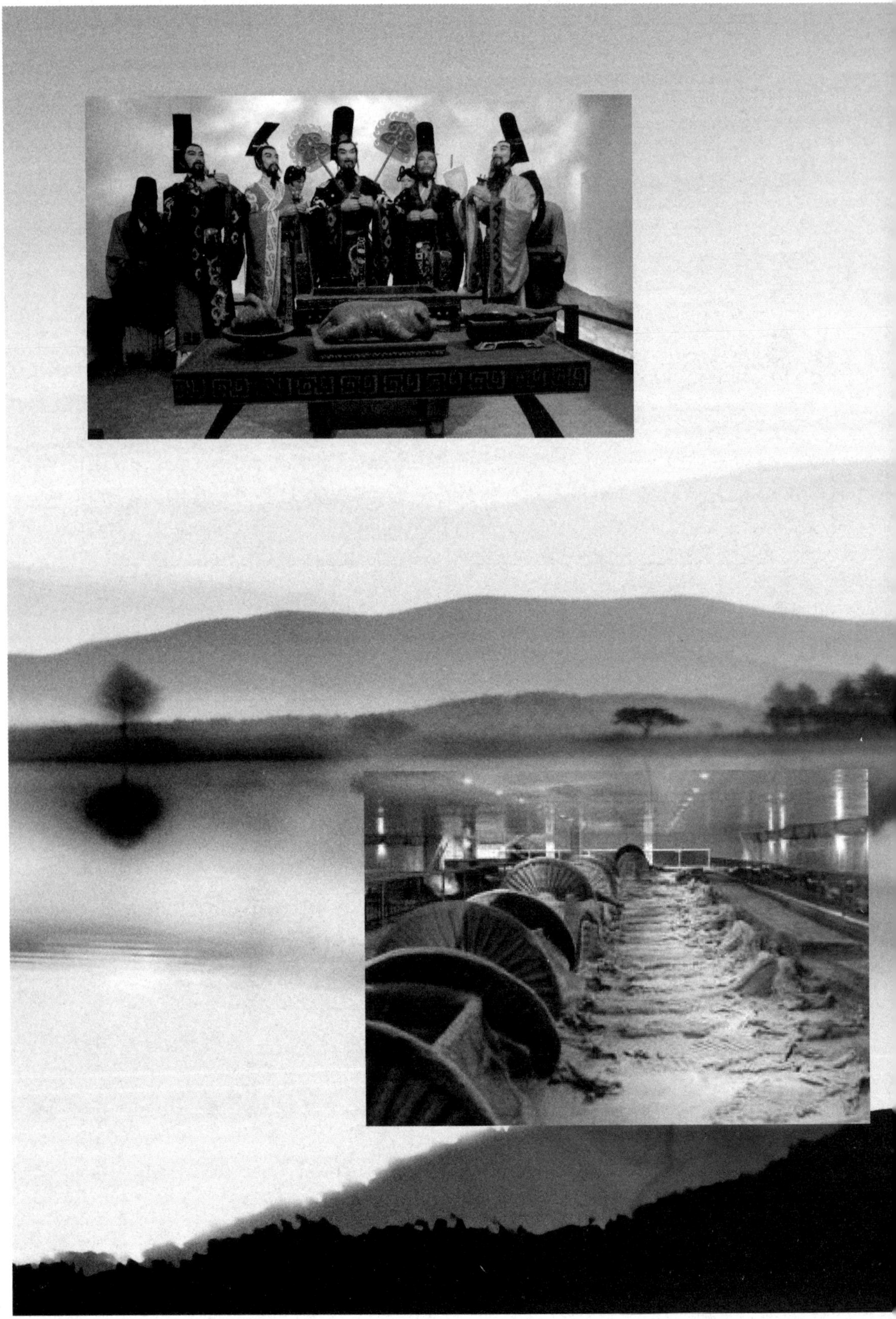

第八单元 新齐学

齐文化是我国传统文化百花园中的瑰丽的奇葩。齐文化中如改革开放、务实求真、以人为本、人才强国、社会和谐、依法治国、爱国敬业、诚实守信等许多思想和理论，在今天仍具有广泛而重要的借鉴应用价值。

党的十八大报告在谈到加强社会主义核心价值体系建设时明确指出："倡导富强、民主、文明、和谐，倡导自由、平等、公正、法治，倡导爱国、敬业、诚信、友善，积极培育和践行社会主义核心价值观。"齐文化就与社会主义核心价值观有众多的契合点，我们要深入挖掘齐文化的精髓，古为今用，必将让齐文化在新的时代焕发出新的光彩。

中华传统文化

第29课　齐学的扬弃

　　唯物辩证法告诉我们，新事物代替旧事物不是简单地抛弃，而是克服、抛弃旧事物中消极的东西，又保留和继承有积极意义的东西，并把它发展到新的阶段。对中华民族的文化遗产，要有批判，也要有继承。要具体问题具体分析，不能简单地肯定一切或否定一切，要采取鲁迅先生倡导的"拿来主义"的态度，取其精华去其糟粕。

　　齐文化作为中华民族传统文化的重要组成部分，不仅在我国古代社会产生过重大影响，而且它的许多优秀成分，已经超越了时空，历久弥新。主变合时的革新精神，海纳百川的开放精神，因地制宜的务实精神，兼容并蓄的包容精神，到今天都闪耀着光辉，在建设现代化，实现中华民族伟大复兴的今天，博大精深的齐文化依然有许多启迪和借鉴意义。

　　政治　姜太公在建立齐国之初，就制定了"尊贤尚功"的制度。尊重贤才，打破了西周以血缘关系为基础的"尊尊亲亲"的正统思想束缚，举贤任能，唯才是举。他把用人提升到事关国家兴亡的高度，提出了"仁、义、忠、信、勇、谋"六个方面的用人标准。他的这一思想，被尊为"百家宗师"。桓管改革，划分和整顿行政区划和机构，全国形成统一的整体。齐威王时，在政治改革方面采取了严罚重赏、整顿吏治、悬赏求谏。所有这些都极大地促进了齐国的发展。"尊贤尚功"、"全国一盘棋"、"整顿吏治"，还有晏婴的勤政廉洁、俭朴务实、灵活机智；齐威王励精图治，养才用治、以人才为宝、悬赏纳谏等，这些思想都深得人心，影响深远。在今天仍有重要的借鉴价值。

　　经济　姜太公建国，就根据齐国的实际情况，从实际出发，制定了切实可行的经济增政策。"便鱼盐"之利，依据"齐带山海，膏壤千里，宜桑麻，人民多文采布锦鱼盐"（《史记·货殖列传》）的客观自然条件和传统习俗，劝女功，通鱼盐，开创工商立国之先河。桓管改革，提出"相地而衰"的土地税收政策，根据土地的好坏不同，来征收多少不等的赋税。提高了人民的生产积极性。

这些经济政策的制定，都是从实际出发，根据齐国不同阶段的不同国情制定的，非常务实。这种"实事求是"的精神也值得我们借鉴。

清代 《士农工商》图

军事 齐国是出军事家的地方，齐国的军事家们在长期的战争中积累了丰富的经验，他们总结出了很多有价值的军事理论和思想，到今天仍然熠熠生辉。

孙武"不战而屈人之兵"、司马穰苴"其将在外，君令有所不受"的军事思想，深深地影响了后代军事家和指挥员。"未战而庙算胜"、"知彼知己，百战不殆"以及因势利导、以逸待劳等战略战术思想，为后人广泛采用。《孙子兵法》被译为法、英、德、捷、俄等语种，在世界军事界产生广泛的重视。《孙子兵法》不仅揭示了战争规律，提出了克敌制胜的军事原则，而且在政治斗争，经济管理等其他领域也大有用武之地。

文化 在这一方面最值得我们借鉴的就是齐文化的开放精神和包容精神。

稷下学宫容纳了儒、法、道、墨、阴阳、名家等众多的学术派别。各派都有自己的代表人物。例如儒家有孟子、荀子，法家有慎到，道家有彭蒙、田骈、环渊，墨家有宋钘、尹文，阴阳家有邹衍、邹奭，名家有儿说、田

稷下学宫图

巴等。在稷下学宫，持各种学术观点的人畅所欲言，各抒己见。他们之间展开争辩，各不相让。齐文化这种开放精神和包容精神现在依然熠熠生辉！

科技 齐国的人民用自己的聪明智慧创造了令人炫目的科技。这些科技成果是我们中华民族的宝贵财富。

齐国的科技，源远流长，成就卓著，在中国古代科技史上留下了光彩夺目的篇章。齐国诞生了我国古代第一部工科巨著——《考工记》；产生了富含当时最先进科技思想、知识的经典著作——《管子》；孕育了世界上最古老的甘德恒星表；涌现出赫赫有名的齐医学派群体，其中有中医鼻祖扁鹊和病历首创者淳于意。齐国科技天下之冠，英才辈出智慧非凡。齐国的手工业，工盖天下，器盖天下，致天下之精材，来天下之良工，齐国又是当时中国最重要的冶金、纺织、制车、制陶、漆器制作、铸镜、铸币等七大手工业技术。同时，齐国文学作为齐文化的精髓，源远流长，丰富多彩，是中国古典文学百花园中的奇葩。先秦时期，齐国的文学成就在诸侯各国中最为突出，只有楚国可以与之比肩。彰显着齐人旷达豪放的性格，有其显明地方风格。

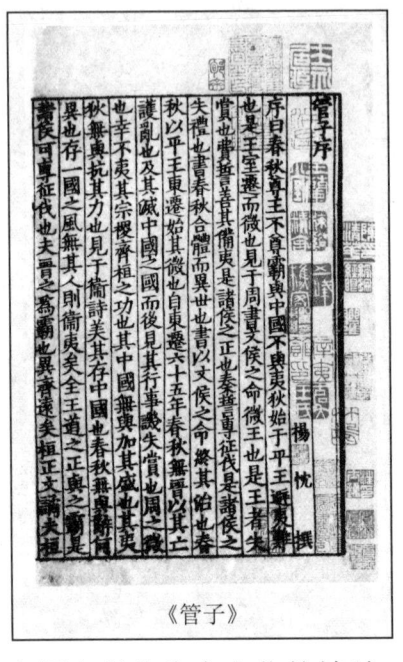

《管子》

教育 《管子》提出的长期教育的人才培养观和职业教育的思想、《晏子春秋》提出的礼教、《荀子》提出的多种教育思想，在当今社会仍然闪耀着光辉。

《管子·权修》有"一年之计，莫如树谷；十年之计，莫如树木；终身之计，莫如树人。一树一获者，谷也；一树十获者，木也；一树百获者，人也。"比较全面地提出了长期教育的人才培养观。《管子》还提出了"四民分业定居"制度，齐国出现了职业教育的萌芽。可以说齐国是职业教育的策源地，而作为齐国都城的临淄则是我国古代职业教育的摇篮。

《晏子春秋》提出用"礼"的教育达到"一民同俗"。

《荀子》认为，学、思、行要紧密结合，学习需要积累，学习要专心致志，持之以恒。他认为教师工作是崇高而伟大的职业，强调教师的尊严，教师有着主导作用，作为教师条件要有严格的要求。

另外，齐文化中关于廉政节俭、爱国敬业、诚实守信、人和自然的和谐相处等思想，都有很强的启示意义。都在改革开放时代凸显了珍贵的借鉴价值。

临淄是现代足球的起源地。"蹴鞠"是有史料记载的最早足球活动，而今，足球已经成为了世界上最受欢迎的体育项目之一。

毋庸讳言，齐文化中不仅有精华，还有糟粕，需要我们批判地继承。

齐文化代表人物中，有很多是作为统治阶级的人物，如姜太公、管仲、晏婴、齐威王等。作为齐国的统治者，由于阶级的局限性，他们思想和主张的出发点多是利己的。例如管仲改革，从整体而言，主要是针对经济基础方面的，没有触及到上层建筑，旧的世卿世禄制仍然发挥作用，改革具有不彻底性，原因就是管仲代表的是奴隶主阶级。再如《晏子春秋》提出用"礼"的教育达到"一民同俗"，就是统治者要使得人民的思想风俗一致，目的也是更好地维护自己的统治。

另外，由于当时的条件限制，齐文化中不可避免有很多的迷信、伪科学，还有当时社会上许多陋习，同样需要我们抛弃。

总之，如何对待齐文化，我们要运用唯物辩证法的基本原理，取其精华去其糟粕，为我所用。

讨论交流

学习了本课,请大家分组讨论并交流:

1. 在齐文化中有哪些方面值得我们借鉴?
2. 你认为齐文化中存在着什么"糟粕"?对待这些"糟粕"我们应该采取何种态度?

拓展活动

1. 令则行,禁则止,宪之所及,俗之所被,如百体之从心,政之所期也。
2. 不为不可成,不求不可得;不处不可久,不行不可复。
3. 海不辞水,故能成其大;山不辞土石,故能成其高;明主不厌人,故能成其众;士不厌学,故能成其圣。

同学们知道这些话的含义吗?让我们一起动手搜集齐文化中更多的名言佳句吧!

第30课　新齐学的创生

同学们，产生于我们美丽家乡的齐文化，博大精深，灿烂辉煌。是一座蕴含文化知识、思想理论、科学技术、生活百科、社会百态等无比丰富的巨大宝藏，等待我们去开拓、挖掘、思考、发展、创新。创生新时代的"新齐学"，让齐文化焕发出新的光彩，是我们每一位有志青年神圣的历史使命！

"新齐学"的创生，需要我们透过历史，立足时代，展望未来。

导航（一）"富强"

齐国的历史，从整体脉络看，是一部发展富强史。姜太公在建立齐国，稳定局势之后，做得第一件事就是考察齐国各地，他的足迹遍及齐国的山山水水，他从实际出发，制定了一系列发展国家的政策措施，引导齐国人民生活逐步富足起来；桓管改革，稳定政治，发展经济，齐国很快走上强盛；齐威王整顿吏治，锐意改革，齐国成为战国七雄之一。威王宣王设立稷下学宫，使得齐国全面富强。

临淄古城复原图

讨论交流

发展富强是齐国的主旋律。今天，改革开放也使得伟大祖国走向了富强。全面认识齐国关于富强的论述和作为，联系当前我国的改革实际，思考讨论：中国富强的标准是什么？对改革开放、全面建成小康社会，你有什么好的建议？

导航（二）"爱民"

在齐文化中，爱民思想贯穿其中。管仲之所以"宽惠爱民"，是因为他充分认识到人民的地位和历史作用。管仲提出"人本"、"民本"主张，提出了利民、富民、惠民和政顺民心的一系列主张和措施，这是非常了不起的。晏婴提出了薄赋敛、节财货的主张，他认为："君为社稷死则死之，为社稷亡则亡之。若君为己死而为己亡，非其私昵，孰能任之。"他直面齐景公："君得罪于民，谁将治之？敢问：桀、纣，君诛乎？民诛乎？"这是何等的胆识与气魄！"爱民"是齐文化中民本思想的精髓，今天研究这种民本思想，对我们建设社会主义和谐社会具有重要的启迪意义和借鉴价值。

讨论交流

人民群众是历史的创造者。在任何时候，都要宽厚爱民，我们党"以人为本"、"走群众路线"也正是新时代"爱民"精神的具体体现。讨论一下：领导干部应该怎样"爱民"？我们青年学生对人民群众应该采取什么态度？你准备怎样关爱身边的人？

导航（三）"和谐"

齐文化关于人与自然和谐相处的绿色生态保护思想更是源远流长。姜太公的"天生四时，地生万物。天下有民，仁圣牧之。故春道生，万物荣；夏道生，万物成；秋道生，万物盈；冬道藏，万物寻"。管仲的"山林虽广，草木虽美，禁发必有时；国虽充盈，金玉虽多，宫室必有度；江海虽广，池泽虽博，鱼鳖虽多，罔罟必有正"。晏婴的"橘生淮南则为橘，生于淮北则为之枳，叶徒相似，其实味不同。所以然者何？水土异也"。这些论述都充满着丰富的绿色生态智慧，是中国古代人与自然和谐相处思想智慧的结晶，千百年来代代相传，在生态保护和建设中起着积极的先导作用。在人与自然的关系上，齐国圣贤主张人类应当认识自然、尊重自然、保护自然，而不能破坏自然，反对一味地向自然界索取，反对片面地利用自然与征服自然。要求以和善、友爱的态度对待自然万物，善待鸟、兽、草、木，提出了丰富的保护自然资源、维护生态平衡的思想。

讨论交流

保护自然，建设美丽中国，是我国目前的一个重要任务。随着我国人口总量和消费需求的增加，保护好生态环境，成为构建社会主义和谐社会的重要一环。想一想，你从齐文化关于环境的论述中，得到什么启发？对建设美丽中国又有那些建议？

导航（四）"法制"

以管仲为代表的思想家在民本思想的基础上建立起了一系列的法制政策。用法制代替人治，用法来规范臣民的行为，上下遵守法律，建立安定、和谐的社会秩序，消除纷乱和暴虐。提升法律的地位，把法律作为治理国家的天下大仪；保持法的长久的稳定性，国家不能擅改法度，大臣百官必须依法办事，并且用法去教育人民；君臣、上下、贵贱皆从法。

讨论交流

齐国一系列以法治国的措施在一定程度上已经有了当今依法治国的雏形，依法治国在每个社会阶段都有极其重要的意义。讨论一下：人和法是一种怎样的关系？我们青年学生要如何遵纪守法？展望我们依法治国的前景。

导航（五）"崇德敬业"

齐国一向有崇德敬业的传统习惯。太公推行"因其俗，简其礼"的文化政策，重视和发挥道德在社会治理和社会发展中的作用。管仲更把"德"与国家的存亡联系起来，从政治的高度出发来认识"德"的作用，并认为"四维不张，国乃灭亡"，把礼义廉耻四维提高到关系国家兴亡的地位上。晏子也把"礼"当成是维系国家安危和社会稳定的法宝。在崇德的同时，齐文化中的敬业精神也有着丰富的内涵，很多齐国人以追求事业成功为己任，就如稷下先生的身上就有鲜明的敬业精神，他们为了齐国的繁荣富强而兢兢业业、著书立说、传书授徒、百家争鸣，使齐国成为先秦时期的学术中心。正是这种崇德敬业的高尚风范推动了齐文化的发展。

讨论交流

崇德敬业的精神是我国文化发展的动力，推动了民族文化的发展。

从齐文化有关论述和稷下先生那里得到启发，谈谈：怎样才算是敬业？设想一下，你将来参加了工作，你准备如何发扬爱岗敬业的精神？

导航（六）"诚信"

"诚信"，就是诚实守信。在我国第一部字典《说文解字》中，许慎说："诚，信也。"最早将"诚"与"信"连用的是春秋时代齐国著名的政治家、经济学家管仲。《管子·形势解》中说："中情信诚，则名誉美矣。修行谨敬，则尊显附矣。中无情实，则名声恶矣。修行慢易，则污辱生矣。故曰：邪气袭内，正色乃衰也。"意思是内心信诚，名誉就美了；修身严肃认真，尊显就来了。内心不诚实，名声就坏了；修身简慢松懈，污辱就来了。所以说：邪气袭内，正色乃衰也。强调内心诚信在为人处事中的重要性。管仲还明确提出，"先王贵诚信。诚信者，天下之结也"(《管子·枢言》)。认为诚信是凝聚人心、使天下人团结一致的基础。齐国的诚信思想自管仲开始，晏婴、孙武、孙膑、孟子、荀子等齐文化先贤都非常重视诚信思想，都做了重要阐述。齐国还有很多规范、引导人民恪守诚信的法律和政策。

讨论交流

1. 今天，我们要继承和弘扬齐文化的诚信传统，建设好社会主义社会，服务于我们中国梦的伟大事业。学校是对青少年进行诚信教育的重要场所，搞好学校的诚信教育，在当今社会，有着极其重要的意义。你认为：当前中小学应该如何进行诚信教育？

2. 《管子》认为："非诚贾不得食于贾。"意指不讲诚信的商人不能从事商业。这里的"诚"是指要忠于本业，精于本业，献身于本业。又要有相应的职业道德，就要诚于国家，诚于顾客，诚于同行。目前，在我们的商业活动中还存在着诸多问题，如许多从商者假冒伪劣、坑蒙拐骗、见利忘义、损人利己的现象，不断蔓延，屡禁不止，以致成为我国经济发展中的严重障碍。还有的企业缺乏企业精神，一切从赚钱挣利润出发，不顾产品质量，坑害消费者。有鉴于此，你认为人们要如何"诚信从商"？

3. 展望一下，如果我们人人讲究诚信，我们的国家会是怎样一种美好的社会图景。

导航（七）"孝道"

齐国孝道文化的集大成者是管仲，《管子》中关于"孝"的阐述，内容十分丰富，富有理论色彩。《管子》孝论包含"血缘""师承""君臣"等组成部分。《管子》孝论直接来源于中国历史上长期积累的"仁政""四维""宗法"等精深博大的思想，是中国历史上第一次"孝"的理论阐述。《管子》孝论问世，成为引导中国孝文化持续发展的引擎，强有力地推进了中国孝文化的社会实践，并在孝文化的社会实践中不断丰富与演进。《管子·形势解》中说:"言而语道德忠信孝弟者,此言无者。"意思是说,一讲话就讲道德忠信孝悌的,这是不能废弃的话。可见,孝是时刻不能忘记的。《管子》认为,孝道是一种大善。"匹夫有善,可得而举",后来又说"孝者,子妇之高行也"。也就是说,国家要唯善是举,而孝则是一种高行、大善。《管子》还认为,国家任用人才,孝道是很重要的一个选项。《管子·君臣下》认为:"选贤遂:材而礼孝弟,则奸伪止。"意思是指只有选材与孝悌结合起来,国家才能得以安宁。

讨论交流

1. 学校是对人们特别是青少年进行孝心教育的主阵地,搞好学校的孝心教育,在建设国家,实现伟大中国梦的今天,更有着极其重要的意义。你认为中小学应该怎样进行孝心教育?

2. 我国很快将进入老龄化阶段,尊老养老成为一个重要课题,孝道更显其重要。运用齐文化相关论述,提出全社会进行孝道建设的具体建议。

导航(八)"廉政"与"节俭"

关于廉政,管仲认为,君臣要一视同仁,国君要节俭禁奢,公正无私,各级官员也应该清正廉洁,奉公守法,不结私党,体恤民众。到了晏婴,廉洁思想更是达到了极致,他为历代官员树立了学习的榜样。晏子厉行节俭,以身作则。他穿粗衣住陋室,日食粗粝,丧事从简。他品德高尚,是国家当政者和普通老百姓的榜样。他主张"廉者,政之本也,德之主也"。他管理国家秉公无私,亲友僚属求他办事,合法者办,不合法者拒。他从不接受礼物,大到赏邑、住房,小到车马、衣服,都被他辞绝。不仅如此,晏子还时常把自己所享的俸禄送给亲戚朋友和劳苦百姓。他有善良无私的胸襟和坦荡宽阔的心地。生活简朴,清心寡欲。晏子生活十分俭朴,吃的是"脱粟之食""苔菜",可谓"食菲薄",用现在的话说就是粗茶淡饭素食当家；穿的是"缁布之衣"；上朝坐的是弊车驽骊；住的是"近市湫隘嚣尘，不可以居"的陋仄之室。晏子一生都非常注重节俭。晏子从亲民廉政思想出发，将节俭与务实认真、敬业负责等道德观联系起来，晏子节俭不仅仅是节约一口饭、一件衣，而是一种精神和素养的体现，晏子的节俭是安邦定国的法宝，晏子的节俭有利于改善社会风气，达到社会稳定，人民安康。

讨论交流

1. 习近平总书记指出："积极借鉴我国历史上优秀廉政文化，不断提高党的领导水平和执政水平、提高拒腐防变和抵御风险能力，确保党始终成为中国特色社会主义事业的坚强领导核心。" 习近平同志强调：浪费之风务必狠刹！要加大宣传引导力度，大力弘扬中华民族勤俭节约的优秀传统，大力宣传节约光荣、浪费可耻的思想观念，努力使厉行节约、反对浪费在全社会蔚然成风。联系齐文化有关论述和晏子的作为，谈谈你对习总书记这些重要谈话的认识。

2. 从晏子身上得到启示，你认为领导干部应该如何起模范作用？

3. 我们每一个社会公民在节俭方面应该怎样做？

同学们，在齐文化这座宝库中，还有很多闪光的"金子"需要我们去挖掘继承、发扬光大、赋予其崭新内涵。包括齐文化在内的浩瀚而宝贵的历史文化既是人类总结昨天的记录，又是人类把握今天、创造明天的向导。改革开放四十年来，中国发生了翻天覆地的变化，无论在经济、科技、教育、体育、军事各方面都创造了令世人瞩目的奇迹。作为青年一代，我们要肩负起传承和发扬齐文化的重任！让我们一起通过我们的智慧和努力，让古老的齐文化焕发出更加璀璨的光芒吧！

中华传统文化

拓展活动

给大家介绍两位大学问家：朱熹（1130年10月22日—1200年4月23日），南宋江南东路徽州婺源人（今江西婺源），字元晦，一字仲晦，号晦庵，又称朱文公。南宋理学家，理学集大成者，尊称朱子。

王守仁（1472年10月31日—1529年1月9日），汉族，幼名云，字伯安，别号阳明。浙江绍兴府余姚县（今属宁波余姚）人，因曾筑室于会稽山阳明洞，自号阳明子，学者称之为阳明先生，亦称王阳明。明代著名的思想家、文学家、哲学家和军事家，陆王心学之集大成者，精通儒家、道家、佛家。

这两人，一个是宋代大理学家，一个是明代大思想家，他们都是当时的文化巨人，对社会文化的发展做出了杰出贡献。搜集他们两人的资料，了解他们的理论和事迹。

同学们，我们正处在中华民族伟大复兴的时代，伟大时代呼唤着文化巨擘。我们生活在这块诞生过齐文化的神奇的土地上，更要有一种强烈的社会责任感、文化责任感、历史担当感。对此，你要树立怎样的宏伟理想呢？

参考资料：

1. 《齐文化通论》宣兆琦、李金海主编
2. 《齐文化发展史》宣兆琦著

活动与探究　　研究成果新闻发布会

齐文化源远流长、博大精深。齐文化具有开放性、多元性、务实性和智慧性。这些独具特色的文化模式和鲜明的文化特点，使齐文化成为中华传统文化星空中一颗亮丽的明星。在中国古代历史长河中，齐文化以开放务实、通权达变的特色独树一帜。

活动主题

通过图片、视频、文字、故事等形式感受齐文化的博大精深，发扬光大齐文化。

活动目标

1. 了解齐文化是中华民族先进文化的重要组成部分。
2. 理解齐文化崇尚变革、开放务实、包容多元的精神。
3. 提高学生搜集资料、关注社会的能力。

活动准备

1. 分组。将学生按班级人数平均分成 7 个小组。分别是管子组、晏子组、科学组、诗歌组、散文组、音乐组、神话组。每个小组选出新闻发布人，课件制作人，资料搜集人。
2. 布置学生搜集一些与齐文化有关的历史人物、故事、图片、体现他们思想的资料。制作成 PPT 课件。

3. 选出研究成果发布会主持人，主持人准备主持词。

活动步骤

◆ 主持人宣布齐文化研究成果发布会开始，各组抽签，按顺序上台发布研究成果。

◆ 管子组新闻发言人上台发布研究新闻，其他组成员提问。管子组从以法治国，礼义治国，以道治国，富民治国等方面汇报研究的成果。

◆ 晏子组新闻发言人上台发布研究新闻。从晏子的处世哲学，比如务实际，不务玄虚，外交机敏善辩，不卑不亢等方面进行研究发布。

◆ 科学组新闻发言人上台发布研究新闻。从齐国的工艺学、天文学、

医学等方面进行研究发布。
- 诗歌组新闻发言人上台发布研究新闻。介绍齐国诗歌的特点，带领其他学生朗诵领悟。
- 散文组新闻发言人上台发布研究新闻。介绍齐国的散文特点，推荐有特色的散文，让学生欣赏。
- 音乐组新闻发言人上台发布研究新闻。介绍特色鲜明的民间俗乐，恢弘庄重的宫廷雅乐，工艺精美的齐国乐器，独树一帜的乐律，致用求和的音乐美学。欣赏齐乐。
- 神话组新闻发言人上台发布研究新闻。介绍流传齐地的神话，谈感悟。

探究实践

> 开展探寻齐文化，践行中国梦活动。以班级或小组为单位，到齐文化遗址进行考察参观，每人写一篇观后感。

活动注意问题

> 在活动中加强组织，加强小组的分工与合作，广泛的搜集材料，可以采访齐文化研究人员。
>
> 实践活动注意安全。

编后语：

为落实教育部《完善中华优秀传统文化教育指导纲要》精神，由宋爱国同志倡导和发起，张成刚同志积极推进，组成了《中华传统文化——走进齐文化》编委会，编写了本书，旨在使广大中小学生通过对齐文化的学习和了解，感悟齐文化的丰富多彩和博大精深，激发热爱齐文化的情感，提高对齐文化的认同度，从而探究齐文化，发掘齐文化，弘扬和光大齐文化，共建中华民族文化的精神家园。

徐广福拟定《〈中华传统文化——走进齐文化〉编写大纲》，确立了编写的指导思想、编写的原则、编写的思路、编写的体例、编写的内容和编写的目录；李德刚、吴同德、于建磊负责分册编写的组织、统稿、审稿和修订工作；王鹏、朱奉强、许跃刚、李新彦多次组织相关会议，推动了本书的编写工作；各分册的编写人员尽心竭力，按时完成了编写任务。

本书在项目论证、具体编写、审稿修订的过程中，得到了社会各界的帮助。齐文化专家宣兆琦教授对本书的编写纲要提出了很好的意见和建议；临淄区齐文化研究中心、齐文化研究社鼎力相助，宋玉顺、王金智、姜建、姚素娟、王景甫、王本昌、王方诗、邵杰、胡学国、王毅等专家给予了热情指导和真诚帮助，在此表示衷心感谢！

我们还要感谢试用本书的广大师生和读者。限于时间和水平，本书难免会存在一些问题，希望在试用过程中，及时把意见和建议反馈给我们，以便我们进一步改进和优化，提高本书的内涵品质。

《中华传统文化——走进齐文化》编委会

2023年2月